保险销售话术模板大全

陈玉明　陈燕萍◎编著

上午练完，下午就管用。保险销售员的实用指导手册。

机械工业出版社
CHINA MACHINE PRESS

为什么我们辛辛苦苦做10年，不如别人做1年？为什么我们辛辛苦苦做10单，不如别人做1单？因为我们的方法不对，我们的话术不行！

销售就是搞定人，保险销售也同样如此。能否搞定客户的关键就是我们的口才和话术技巧，这正如美国“超级推销大王”弗兰克·贝特格所说：“交易的成功，往往是口才的产物。”

本书从8个角度展现了保险销售人员在工作中可能会遇到的31个销售情景，针对每个情景，分别提供了保险销售人员需要掌握的沟通技巧与话术模板，将情景对话与技巧说明相结合，是保险销售人员提升沟通能力的实务工具书。

图书在版编目（CIP）数据

保险销售话术模板大全/陈玉明，陈燕萍编著．—北京：机械工业出版社，2012.12（2018.10重印）
（金牌销售特训营）
ISBN 978-7-111-40773-7

Ⅰ.①保…　Ⅱ.①陈…②陈…　Ⅲ.①保险业务—销售　Ⅳ.①F840.4

中国版本图书馆CIP数据核字（2012）第301098号

机械工业出版社（北京市百万庄大街22号　邮政编码100037）
策划编辑：贾秋萍　　责任编辑：贾秋萍　李　岩
版式设计：张文贵　　责任印制：杨　曦
三河市国英印务有限公司印刷
2018年10月第1版·第14次印刷
170mm×242mm·15.25印张·1插页·170千字
标准书号：ISBN 978-7-111-40773-7
定价：36.00元

凡购本书，如有缺页、倒页、脱页，由本社发行部调换

电话服务	网络服务
社服务中心：（010）88361066	教材网：http://www.cmpedu.com
销售一部：（010）68326294	机工官网：http://www.cmpbook.com
销售二部：（010）88379649	机工官博：http://weibo.com/cmp1952
读者购书热线：（010）88379203	**封面无防伪标均为盗版**

前　言

作为一名保险销售员，你是不是常常为如何开口推销而犹豫不决？你是不是常常因为不知如何回答客户的提问而哑口无言？你是不是常常因不知如何处理客户的异议而理屈词穷？你是不是常常因不知如何应对客户的拒绝而张口结舌？

为什么我们辛辛苦苦做 10 年，不如别人做 1 年？为什么我们辛辛苦苦做 10 单，不如别人做 1 单？正是因为我们的方法不对，我们的话术不行！“买卖不成话不到，话语一到卖三俏。”作为一名保险销售员，只有拥有一副好口才，掌握好保险话术，才能够打开销售的成功之门。

有人说，性格是天生的，好口才也是遗传的。错！好的保险话术并非与生俱来，而是保险销售员在无数个推销场所中用经验与失败换来的，是保险销售员在不断地学习和摸索中厚积薄发所练就的！

发挥口才的魅力，利用好成功的保险销售话术，这正是本书的精华所在。本书从开场话术、初次拜访交谈话术、介绍产品话术、了解客户信息话术、提问话术、处理客户异议话术、应对客户借口话术以及促成交易话术 8 个角度全方位展现了保险销售人员在工作中可能会遇到的销售情景，针对每个情景，本书还分别提供了保险销售员需要掌握的沟通技巧及话术模板，是一本让保险销售员提升沟通能力的实务工具书。

从这本书中，你能学到如何在开场的15秒内就吸引客户的注意；你能学到如何分析客户的购买习惯和心理；你能学到如何与不同的客户说不同的话；你能学到如何区分阻碍成交和促成成交的语言信息；你能学到如何巧妙地解决客户名目繁多、亦真亦假的异议；你能学到如何恰到好处地消除客户对保险的抵触情绪；你还能学到通过保险销售拓宽展业渠道和扩大人际关系的方法。

本书没有深奥的理论，也没有枯燥的说教，只有最易于吸收的形式、最经典的案例、最简洁的表达方式。从今天开始，每天看一则话术，掌握一则模板使用方法，相信你一定会收获意想不到的惊喜。当然，保险从业人员切不可生搬硬套，而是要学会灵活变通地使用本书中的方法和策略去完成自己的事业，这样你才能真正提高自己的话术水平，才能提高自己的销售业绩，才能从平庸走向卓越，从销售菜鸟变成销售精英！

目　录

第一章

与众不同的开场话术：开口成金，一张嘴就让客户产生兴趣

作为保险销售员，你的开场白直接决定了客户是否愿意继续听你推销保险产品。要想让客户喜欢你，愿意购买你的产品，就要掌握一些与众不同的开场白，抓住客户的兴趣，引领你们之间的谈话。

实战情景1：利用第三方，巧妙见客户

模板1 熟人介绍更利于约见成功：我是××集团的江总介绍来的

实战情景：

程先生是一家IT公司的主管，他与建德集团的江总是生意上的好伙伴，同时又是生活中的好朋友。保险销售员小武和江先生长期保持业务关系，并且江先生对小武的工作态度和服务质量非常认可。小武经手办理的保单，江先生感到非常满意。因此，江先生将小武介绍给了自己的好朋友程先生。小武在江先生的推荐下与程先生进行了一次面谈。

小武：“您好，程先生。百忙之中打扰您，真的不好意

思。我是小武，是建德集团的江总介绍我过来的，他应该跟您说过这事吧？”

程先生：“嗯，老江昨天刚给我打过电话，没想到你动作那么迅速。”

小武：“程先生，您也是一个非常讲效率的人，我们就抓紧时间直接进入主题吧。”

程先生：“好，我就喜欢你这样爽快的人。”

小武：“程先生，江总跟您提过他买了哪些保险产品吗？”

程先生：“他说他买了好几种，但是我没具体问，听他说收益都挺好的，比炒股好多了，虽然没有那么快就见效益，但是稳定。”

小武：“确实是这样，江总选择的几种险种收益都挺好的，他真的很有眼光。”

程先生：“他还夸奖你能干，要不是你给他作好分析，给他提出好的建议，估计他在保险投资方面也不会有那么好的收益。所以他特意介绍你给我认识。”

小武：“谢谢您和江总对我的信任。程先生，您现在想选择健康险还是理财险呢？”

程先生：“当然是健康险，健康最重要啊，所以你看能不能帮我介绍一款适合我的保险产品。”

小武：“这个没问题。现在环境污染那么严重，很多现代病都是因为环境的恶化和工作压力的增大而产生的，我们不得不为自己的未来着想啊。您看这是我们公司最新推出的两款重大疾病终身分红型的健康险。这两种分红险的特点是退休前分期付款买保障，退休后零存整取轻松拿到养老金。它包括了25至28种疾病，基本上涵盖了现在多发性的重大疾病。这一险种最吸引人的地方在于，凡是参加这个保障计划的投保人都有权成为公司的股东，并且享受终生分红。就是说在保障您的健康的同时，您还能享受到保险公司分给您的红利，这不是件好事吗？假如您现在开始购买，然后按照合同的缴费标准存满20年，假如20年之后，您不想再存了，您可以将这笔钱取出来，这有可能比您把钱存在银行获得的利息还要多一些。这其实就是用一部分利息买到了一份健康保障，假如您在交费期满之后没有将钱取出来，那么您就可以拿到公司发给您的红利了，这比存在银行里要划算！您觉得怎样？”

程先生：“真不愧是老江推荐的人，这个保险计划很符合我的需求，那么咱们谈谈具体的事项吧。”

……

保险销售话术360°全解：

利用熟人帮忙介绍客户有一大优点，那就是容易获得新客户的信任。通过熟人转介绍的客户比较容易淡化对保险销售员的防范意识，更容易从心理上信赖保险销售员，这给保险销售员展业扫除了障碍，更利于保险销售员拓展业务。

对于熟人介绍的客户，保险销售员要事先了解其详细背景、目前的生活状态以及对未来的规划。要根据客户的特点以具有针对性的方式切入话题，不要与客户过多地寒暄，而是要学会提问和聆听客户的想法，还要适当地赞美客户。在交谈的时候说话要尽量口语化、生活化，同时学会再适当地设计一些提问。然后根据客户的回答和已经掌握的客户资料，给客户提出建议。

话术方式和策略

1. 因人而异

熟人介绍的客户，也许是和熟人背景相似或者有所不同的。有时候可以根据熟人的特点来断定其社交圈的大概范围，根据熟人的性格特征和处事方式对熟人介绍的客户进行分类，然后再根据获取的信息，对其准确地定位和归类。除此之外，保险销售员还要事先了解客户的财务状况和保险需求，在和客户面谈时针对客户的情况，给客户提供适合其保险需求的险种建议。保险销售员要始终以客户的利益为工作的出发点，这样更容易获得客户的信赖。

2. 营造好谈话氛围，淡化推销的功利性

保险销售员小赵："汪经理，××公司的马总经常跟我谈起您，说您是一个懂得生活艺术的人。今天终于见到您了，真是太高兴了。"

客户汪经理："老马跟你说起过我？"

小赵："是啊，他是我的老客户，也是我的好朋友。我是卖保险的，他常常在我面前说起您，总是很羡慕您的生活，那咱们也来聊聊生活吧。"

保险销售不能急功近利，一心想着要马上拿下保单，这样只会吓走客户。保险销售员在与客户谈话的时候，要营造出轻松愉悦的谈话气氛，让客户的心情更加舒畅，从而对保险销售员不产生排斥感，保险销售员才能循序渐进地将话题转移到保险上，这样才能让客户顺其自然地接触并关注保险产品。

专家建议

熟人介绍的客户，首先在心理上就能消除自己对保险销售员的排斥感。保险销售员要利用熟人为自己搭桥的优势，营造轻松的谈话气氛，这样才能让客户易于接受你的保险推销。

模板2 如何让客户帮忙转介绍：我们的信誉您清楚，能不能麻烦您帮我介绍几个朋友？

实战情景：

保险销售员张琪：“吴先生，咱们真是有缘啊，当初我刚入行做保险的时候，我就曾经去拜访过您。如今我入保险行业已经8年了，虽然我的客户已经接近600人了，但是您仍然是我特别重要的客户之一。”

客户吴先生：“小张啊，你真能干，客户真多啊，都600个了。想当初，要不是你三番五次地劝导我，执意让我买你的保险，也许我现在的生活就不会得到这么多的保障。说起这事，我还得感谢你呢。”

张琪：“吴先生，您太客气了，为客户服务是我们的职责，而做好服务是我们对工作负责的表现。虽然有时候是辛苦了一些，甚至会出现时间不够用的情况，但是我能跟大家交流让我感到很开心。例如我回访一些老客户，花去的这些时间必然会影响到我开拓新客户，但是我和老客户有了感情，回访是应该的。其实在失去开拓新客户机会的同时老客户又给我介绍了新客户，最终我还是得到了好处。老客户经常将他们的朋友介绍给我，是因为他们的朋友想要了解保险，但是找不到合适的人咨询，于是老客户纷纷向他们的朋友介绍我，而我正好可以用自己的专业知识来帮助他们答疑解惑。我通过这种方式帮助他们，因为是朋友介绍的，所以他们在心理上相对易于接受，同时我也能帮助朋友。而他们作为咨询人，拥有购买与否的自由，所以他们不会产生任何压力。吴先生，假如您的朋友也需要保险或是要了解保险的话，您可以介绍给我，我一定会像对待您一样对待他们，为他们服务，这也算您对我工作的支持。”

吴先生：“你这么一说，我倒是想起来了，有几个公司的老总最近问我买什么样的保险比较好，我今晚帮你推广一下，明天你再到我公司来一趟，或许你明天就能得到几个准客户的名单和联系方式，接下来的事情就要靠你自己努力了。”

张琪：“吴先生，真的很感谢您对我工作的支持，下次有什么好的保险产品我一定会第一个推荐给您。”

吴先生：“那正好，我最近想买一款投资型的保险产品，你要是发现适合我的产品，就赶紧给我打电话。”

……

保险销售话术360°全解：

一个成功的保险销售员知道如何利用老客户转介绍开展业务。在这个过程中，保险销售员要对老客户表示感谢，同时要让老客户了解自己的工作情况，然后顺利地将话题转到老客户身上，让老客户谈谈其购买保险之后保险意识的改变情况，并抓住谈保险意识的机会让老客户帮忙转介绍客户。同时要让老客户知道作为朋友，老客户介绍的客户，也是保险销售员的朋友，但是保险购买权还是掌握在客户手上。这样体现出保险销售员真诚的态度，更容易获得老客户的信赖，也容易获得老客户的帮助。

保险销售不仅是靠销售员个人的能力，同时还需要销售员借助外力，学会经营客户，利用广阔的人际关系去拓展自己的业务，这样才能使销售工作更加顺利。

话术方式和策略

1. 利用促成保单后的和谐气氛

保险销售员："程先生，恭喜您，您又获得了一份全面的保障，同时这也是一个收益很好的计划，我还得感谢您对我工作的支持。我想问您一个问题，您想不想让您的朋友也享受到这样的保障？假如您的朋友也对保险感兴趣，我希望您能向他们推荐我，我一定让他们享受到您所享受到的服务。"

客户："好的，我有几个朋友很喜欢研究投资，保险投资也行，那我今晚问问，明天给你答复好吗？"

当保险销售员和客户成功签单之后，客户还处于保险销售员所营造出的兴奋气氛中，此时客户对保险销售员的信任也增加了。保险销售员要抓住这一时机，只要在客户面前多赞美客户几句，一般情况下客户都会将自己的好朋友介绍给保险销售员。

2. 利用给客户送理赔金的机会

保险销售员小旭："冉先生，这是您住院期间保险公司应付您的理赔金，您点点看数目对吗？这里还有保险理赔金的计算公式，您也看看吧。如果有什么不明白的，我可以告诉您。"

客户冉先生："小旭啊，这公式我就不看了，我相信你。你给我送理赔金的速度真快，太感谢你了。"

小旭："冉先生，您别客气，这是我的工作。您现在感觉到保险对您的保障作用了吧？如果您觉得还可以的话，不妨推荐您的朋友也加入受保险保障的团队中吧。"

冉先生："好的，没问题，我让老张也了解了解。我改天约他出来，到时候再联络你。"

保险销售员给客户送理赔金是保险公司兑现承诺的表现，假如理赔金很快送到客户手里，客户对保险的信任度会增加很多，保险销售员应该抓住这一时机，主动要求客户转介绍业务。

专家建议

保险销售员要想让客户转介绍业务，就要处理好其与客户之间的关系，同时做好自己的工作，充分利用保险签单成功和给客户送理赔金的机会，向客户主动提出介绍业务的要求。在这样的情况下，比较容易达成保险销售员的目的。

实战情景2：完美的自我介绍

模板1 自我介绍要有创意：我是专门帮客户打理财富转移风险的

实战情景：

客户姚先生："我能问一下你是从事什么工作的吗？"

保险销售员小林："我们这个工作，在有的人看来是银行家，专门帮助别人存钱；也有人认为我们是慈善家，每当有人遇到困难的时候，我们都能主动地献上自己的爱心；更有人认为我们是火星人，我们做好了别人无法做好的工作。那您猜猜我是做什么工作的？"

姚先生："根据你所说的这些，我猜你一定是做保险销售的。"

小林："姚先生您真厉害，一猜就能猜出我的职业。我想请教您一个问题，您平时都喜欢哪些休闲活动呢？"

姚先生："我喜欢带着儿子到公园里走走，或是带他到乡下体验生活。同时我每周还有两天晚上去学习程序设计的课程。"

小林："您真厉害，工作那么忙还要坚持给自己'充电'，我真的很佩服您。您家里有几个兄弟姐妹？"

姚先生："我们这一代人，家里孩子一般比较多，我有一个姐姐和一个妹妹，我是中间的。"

小林："那她们现在的工作怎样？"

姚先生："姐姐是银行的部门经理，妹妹是一名大学讲师。"

小林："她们的工作都挺不错的嘛！"

姚先生："还行吧，普通人的生活而已！"

小林："您和您的姐姐、妹妹经常联系吗？"

姚先生："大家都各自忙自己的工作。我妹妹年轻，经常一有时间就到处旅游，姐姐又总是忙着银行的事情，所以我们都是过年过节才凑在一起，一起吃饭聊天。"

小林："那您平时有什么理财规划吗？"

姚先生："我其实没有具体的规划，我就是把大部分钱用于储蓄，然后买点股票玩玩，但不是很多，所以也没什么大的影响。"

小林："那您买过保险吗？"

姚先生："这年头，天灾人祸那么多，保险还是要买的，我买过了。"

小林："姚先生，您的保险意识还是挺强的，那您一年大概交多少保费？"

姚先生："大概 12 000 元吧！"

小林："您能告诉我您当初买保险的原因吗？"

姚先生："作为一个男人应该有家庭责任感，要照顾妻小，我买了保险，万一发生了什么情况，保险也能保障我妻子和孩子的生活。你说是吧？"

小林："您真是一个现代版的好男人。"

姚先生："你过奖了！"

小林："假如现在有一个项目能够为您合理理财，给您带来更多的收益，并且给您的家人提供更加完善的保障，那么您愿意去加入吗？"

姚先生："这简直就是一举两得，当然加入了。我想问一下这个是什么项目？"

小林："就是我们公司的分红型寿险。"

姚先生："分红寿险？这要存多久才能分红呢？"

小林："15 年，您现在是 30 多岁吧，大概到您 50 岁的时候就能领到红利了，这一款寿险的费用是每年缴纳 12 360 元，15 年期满之后，你每年就拿到 16 800 元的红利。您说这是不是一个很好的理财计划呢？"

……

保险销售话术360°全解：

自我介绍是保险销售员首次和客户见面时必须做好的一项工作。怎样的自我介绍才能让客户记住你呢？在自我介绍的时候，保险销售员以富有创意的开场白开场，这样才能加深准客户对他的好感和印象。假如在客户面前表现得过于拘谨，则容易引起客户的排斥心理，使客户失去继续了解保险的兴趣。

话术方式和策略

1. 以悬念吸引客户

客户有可能每天接触到不同的保险销售员，因此过于直白的自我介绍会让客户觉得乏味。假如保险销售员在向客户作自我介绍的时候，以与众不同的方式开场，以悬念设问，同时给客户一定的提示让其去猜测，这样更能吸引客户的注意力和好奇心，让客户猜到销售员的职业，这对加深客户对保险销售员的印象非常重要。

专家建议

具有特色的自我介绍，能使客户对保险销售员的印象深刻，更能引起客户的兴趣和好奇心，使得客户有继续了解下去的欲望，让销售员有机会向客户推销产品。因此，保险销售员在进行自我介绍时一定要有创意。

2. 突出自己的优势

客户：“请问你是干哪一行工作的？”

保险销售员：“我是××保险公司的理财顾问。不知道您是否了解我们公司，我们公司在全国一二线城市都设有分公司，××集团是我们的长期合作伙伴。”

保险销售员要借助公司的力量去说服客户，要展现公司的威望，提升自己的身份，这样能让客户对你的印象更加深刻。

模板2 攀上有知名度的第三方：我们是××公司的业务合作伙伴

实战情景：

××保险公司与腾达生物科技有限公司建立了长期的合作关系。腾达生物科技有限公司是当地的著名企业、纳税大户，具有极其广泛的社会影响力。很多企业都希望与腾达生物科技有限公司合作，而××保险公司拿到与腾达的长期合作项目，这让业界的人都十分羡慕。为此，××保险公司的销售员小何利用公司与腾达生物科技有限公司的关系，去拜访了昌德集团的邱总。

小何："邱先生，您好，我是××保险公司的业务员小何。"

邱先生："哦？这个保险公司我好像没怎么听说过。"

小何："这个没关系，您知道腾达生物科技有限公司吧？"

邱先生："腾达在业内可是出了名的财大气粗啊。"

小何："确实，腾达的实力非常强大。不过我们公司已经拿下了他们公司的保单，而且我们还与他们建立了长期合作关系。"

邱先生："看来你们公司还真厉害，腾达的单子都能拿到。腾达能选择你们公司投保，那说明你们公司确实有实力。”

小何：“其实每一个保险公司都应该以客户的利益为出发点，腾达选择我们的原因很简单，那是因为我们制订的保险计划以腾达的利益为主，根据腾达的发展特点为他们提供了一些有用的建议，并且始终为他们提供细心周到的服务。”

邱先生：“其实我也听说腾达买的保险为他们公司省了不少钱，而且还赚了一些呢。”

小何：“邱先生，您是不是也考虑为您的企业买保险，让您的员工感受到您对他们的关爱呢？同时您个人也可以购买理财保险，这能让您的钱生钱。并且这种保险具有低风险高保障的特点，虽然没有股票和基金见效快，但是稳妥。邱先生，既然您相信腾达的眼光，为什么不抓住这个机会和腾达并驾齐驱，为企业买一份保险，给企业的发展添加一份保障，让企业在发展中能够多一层防护呢？”

邱先生：“其实我也不是没考虑过，但是我一直没找到适合我们公司的保险产品。”

小何：“邱先生，其实您公司的情况我也大致了解，要不这样，您再跟我详谈一下公司的发展情况，然后我根据您说的情况给您推荐几款保险，您看怎样？我们的保障工作可不能落在同行后面，您说是吧？”

邱先生：“嗯，好的。那我们详细谈一下公司的情况吧。”

小何：“好的，您说吧。”

……

保险销售话术360°全解：

一些著名的第三方企业在社会中具有较好的社会地位和声誉。保险销售员在展业的时候，不妨利用自己的人际关系，获得有知名度的第三方企业的推荐或者是介绍信，这样更有利于保险销售员进行销售。

案例中，保险销售员利用第三方企业和公司的合作关系，在客户面前进行自我介绍，这突显了销售员的实力，有利于增强客户对保险销售员的信任度，同时也有利于销售员拓展业务。

话术方式和策略

1. 以有影响力的第三者为依托，介绍自己

保险销售员："龙先生，您好，我是××保险公司的业务员张洁。是您的好朋友华天科技公司的韩总介绍我来找您的，他认为您现在需要一份全面的保障来保护您的家人，有了全方位的保障，您就可以更加安心地将您的精力投入工作当中了。"

客户龙先生："你好，小张是吧，请坐。既然是老韩的客人，那也是我的客人。那你说吧，你觉得我应该买什么样的保险？"

保险销售员在和客户初次见面的时候，免不了要作自我介绍。保险销售员可以利用迂回战术，通过有影响力的第三者（客户的亲友）的转介绍来与客户面谈，由于人们都有“不看僧面看佛面”的心理，因此大多数人对亲友介绍来的推销员都特别客气。

借用有影响力的第三者来介绍自己，是一种非常有效的方法，但是使用这个方法的时候，保险销售员一定要确保自己已经得到第三方的推荐，不能杜撰，以避免客户真的去证实情况的时候使自己处于尴尬的境地。

2．以著名公司为例

保险销售员：“您好，贺先生，我是××保险公司的销售顾问戴月。这是诚悦公司邵总给我的名片，您可以打电话向他咨询一下。他在我们公司投保了，并且那款保险对他们公司的经营有了很大的帮助。其实您不妨根据您公司的情况，选择一款适合您公司发展的保险，也算是为公司发展买个保障。您看怎样？”

客户：“邵总的眼光我信得过，那你打算给我推荐哪一款适合我们公司发展的保险呢？”

保险销售员在借用第三方著名企业的知名度进行自我介绍时，应该选择客户所敬仰或与客户公司性质相同的企业为例，为了取信于客户，最好能出示引荐人的名片或介绍信。同时，他人的购买行为常常会对客户产生影响，如果销售人员能够利用这一影响，那么其工作就会更容易取得良好的效果。

专家建议

好的自我介绍是保险销售员叩开销售大门的敲门砖，保险销售员要学会利用客户所认识的有知名度的第三方企业的购买实例去说服客户购买保险。

实战情景3：价值不菲的客套话

模板1 找客户喜欢的话题：您这房子真气派，一看您就是注重生活品位的人

实战情景：

刘薇和保险销售员小任在插花班上认识了，两个人对插花都有自己的观点，常常交流各自的心得。但是刘薇并不知道小任的工作性质，在一次插花课结束以后，刘薇主动邀请小任到她家做客。

小任："刘小姐，您家的房子真气派，我特别喜欢您家大厅的水晶吊灯，很有欧洲风情。还有您家旋转式的楼梯，让我感觉我现在好像穿越到了某部唯美的电影的场景中。您家的家具都是宜家的，我也特别喜欢宜家的家具。从这些细节可以看出您是一个注重生活品位的人，也是一个注重家庭生活的人。"

刘小姐："您的观察还真敏锐，我的确特别钟情宜家的家具，所以家里大大小小的家具我都选择宜家的。我看重的就是它自然、清新、简约的风格，并且它易搬动和自行拆装的特点也是我选择它的原因。对于我们这样的年轻人来说，它选用的材料适中，时尚、简约而又不失灵巧，正好符合我们的品位，你说是吧。"

小任："是啊，它在满足我们追求时尚的同时，价格又在我们所能承受的范围之内。能住在这么漂亮的房子里，您真是个幸福的人啊。现在房价这么高，买房对我来说确实是一件不可想象的事。"

刘小姐："当初我们俩攒钱买房也不容易，这房子还是贷款买的，每个月还要还房贷，都不容易啊。"

小任："有了房子也是个保障啊，那您想过为您的房子增加一份保障吗？现在很多人都不愿买房屋险，其实房屋险比车险还便宜。家里的房子有了保障，才能让一家人有一个固定的生活空间，才能保证家庭生活的美满，您说是吧？"

刘小姐："是的，我很好奇，你为什么对房屋保险那么熟悉？"

小任："不好意思，聊得太尽兴了，我忘了跟您说，我是保险公司的销售顾问。"

刘小姐："难怪保险意识那么强，那你们公司有什么好的保险产品呢？"

小任："其实我们公司没有最好的产品，只有最适合不同客户的方案。您想为您家的房屋购买保险？房屋保险有好几种，您先说一下你具体想要什么样的房屋保险，然后我根据您的需求来为您设计一份符合您需求的保险，我明天送过来给您，您看怎么样？"

刘小姐："好的，没问题，到时候咱们再一起商量吧。"

保险销售话术360°全解：

保险销售员以客户感兴趣的话题为开端是双方进一步交流的前提，这也是保险销售员迅速接近客户，与客户建立良好的人际关系的关键。要实现这一点，保险销售员就要在拜访客户前找到客户感兴趣的话题，做好各项准备工作。

在初次和客户见面时，保险销售员要学会抓住恰当的时机询问客户，在不断地发问中，了解客户的兴趣。进而谈论客户感兴趣的话题，这样不仅可以缓和双方初次见面时的尴尬局面，而且能将谈话的氛围调节得更加轻松，保险销售员在谈话的氛围稳定的时候，再将话题转移到保险上，这样更有利于销售员打开保险产品的销售渠道。

话术方式和策略

1. 学会听话破解秘密

要谈论客户感兴趣的话题，保险销售员要知道大多数情况下应该认真倾听客户的谈话，对客户的信息进行分析和归类，从客户谈话的方式中可以反映出其性格特征，这样能让保险销售员针对客户的性格特征对客户的谈话进行相应的回应。

最重要的一点是保险销售员要知道客户最迫切的需求和客户想要达到的理想状态。当保险销售员成功分析出这个情况时，就要分析达到客户想要的理想状态还有什么困难，这些困难是否可以用保险来解决。

2．会提问

保险销售员小肖："杨小姐，您目前对您的家庭生活状态满意吗？您觉得您的家庭生活保障全面吗？"

客户小杨："我很满意我现在的生活，但是我总是感觉好像缺了点什么。"

小肖："是您对您家人的保障问题有所担忧，还是其他的什么原因？"

有效的沟通并不是一味地倾听，一个优秀的保险销售员要知道什么时候该向客户提问，怎样提问才能得到自己想要的答案。这样才能了解到客户想要达到的理想状态与现实之间的差距，然后将话题转移到保险上来，它能让客户明白，保险是帮助客户实现自己理想状态的最适合的方式，这样才能让客户下定决心购买保险产品。

专家建议

客户感兴趣的话题是保险销售的催化剂，它能让销售员在推销保险产品时更接近客户，更能拉近彼此的心理距离，让客户感觉愉悦，从而促使客户签单。

模板 2 客套话不可太随意：您现在不买可以，欢迎您再次回来找我

实战情景：

保险销售员小佟和客户肖扬约好在一家咖啡馆见面。一见面小佟便和肖扬寒暄了一番，肖扬告诉小佟自己最近正打算给自己买一份商业保险，但是刚工作的她没什么钱，不知道买哪一种商业保险比较适合。

小佟：“肖小姐，您好啊，耽误了您的个人时间，实在不好意思。”

肖扬：“小佟，你别这么说，是我麻烦了你。”

小佟：“您这么说，我怪不好意思的，这是我的工作嘛。并且我也很高兴为您服务。”

肖扬：“太感谢你了。”

小佟：“肖小姐，我想问您一下，您想要选择储蓄保险还是投资理财保险呢？”

肖扬：“储蓄型保险具体是怎么一回事，而投资理财型保险又是怎么一回事呢？”

小佟：“储蓄型保险就是人寿险这类的保险，这类保险在您存入第一笔保费之后就拥有足额保障，例如养老保险。而投资理财保险就是能够帮您投资理财又能给您提供保障的保险，例如分红险、万能险和连投险等。”

肖扬：“我们单位已经为我们买了社保，其中就包括了养老保险，要是我们还买商业保险的话，那么不是重复了吗？”

小佟：“社保和商业保险并不矛盾，它们是相互补充的。社保只能给您基本的保障，您要是想让您的晚年过得无忧无虑，那么选养老保险是最好的。看咱们聊得那么投缘，我还是建议您买养老保险，因为您刚出来工作，也许积蓄并不是很多，而这时候买养老保险也具有超前意识，为以后做好准备。关于投资理财保险，您可以试着了解，等到您工作五年之后，您再考虑买。假如您现在买的话，相对来说，有一定的压力。”

肖扬："那我考虑考虑吧。现在大家的保险意识不太强，买保险的人也不多，你的保单卖了多少张？"

小佟："哎，是真难做，我也没卖出几张，都没什么客户。好吧，您先忙吧，我还要赶着去见下一个客户，我不知道我什么时候有空，你有空了再联系我。"

肖扬：（他都没有客户，那是不是我也不应该购买？）

保险销售话术360°全解：

成功销售产品，离不开销售员高超的语言技巧，寒暄就是一种很好的方式，客套话就是寒暄的具体实施步骤。但是，说客套话也不可太随意，案例中小佟就是把客套话说得太随意，使客户对他的工作能力产生了怀疑，而不愿意接受他推销的保险。

保险销售员在推销保险时，应该坚持自己的方向和原则，以客套话作为保险销售的引子，但要懂得适可而止，防止说过多的客套话让客户觉得其是一个虚伪、浮夸和迂腐的人，同时也对保险销售员的态度产生怀疑，认为其是在敷衍客户。因此，保险销售员在客套之后要将话题迅速地拉回到客户所关心的问题上来。

话术方式和策略

1. 将客套话化为无形

保险销售员："最近心静不下来，我看了一点禅学方面的书，现在心变得平静了一些。对了，听说您对禅学有所研究，改天能不能和我谈谈怎么对待禅学以及如何才能达到禅境。”

客户：“你过奖了，其实我研究禅学也是个人爱好，没什么造诣，就当修身养性吧。我很乐意和我有共同爱好的人讨论禅学和别的问题。”

“不战而屈人之兵”，是兵法中最高明的战术，这对于保险销售员来说也是非常重要的战术之一。保险销售员要通过客套话，让客户在潜移默化之中接受你的观念，达成销售保险产品的目的。像上面这个案例中的销售人员一样，用日常化的语言，淡化保险销售的功利性，但是又能引起客户的兴趣，实在是一种高超的技艺。

2. 言语谨慎

客户：“我还不清楚这个保险单是怎么算的。”

保险销售员：“这个计算公式是由精算师算出来的，你不清楚也很正常。”

客户：（难道我就不该知道每年缴纳保费的钱的计算方法？迷迷糊糊就买保险的事情我才不干呢！）

很显然，这是一次失败的寒暄。作为保险销售员应该注意自己的言行，否则很可能会因为言行不当而引起不必要的麻烦。这会让客户认为你是一个做事情不稳重的人，也是一个没有礼貌的人，使得客户对你销售的东西失去信心，无法对你产生信任感，使你的销售目的无法实现。

专家建议

客套话是保险销售员和客户之间快速“发生感情”的催化剂，也是保险销售员迅速实现销售目的的一种方式，但是保险销售员要把握好说客套话的度，适可而止。否则会引起客户的反感，使其不愿接受保险销售员推销的保险产品。

实战情景4：一张嘴就让客户觉得和他利益休戚相关

模板1 利益是最好的敲门砖：这是我为您精心挑选的，非常符合您的需求

实战情景：

管斌是一家建筑公司的老总，有一次同行业内的一家公司发生了一次安全事故，这让管斌意识到了给员工买保险的重要性，于是他让秘书小龚打电话和保险公司联系。小龚帮助管总和保险公司的销售员小萧约好时间，管总和小萧进行了面谈。

小萧："管总，您好。我得知您想为您企业的玻璃安装工购买意外保障，我很敬佩您，很少看到您这样负责任的企业主了。"

管总："前段时间，有个公司发生了一起失火案，该公司的项目承包人无法承担赔偿责任，最后赔偿责任又转到了公司方面，公司负主要民事责任，对这次事故进行民事赔偿，这件事让我意识到了经营企业有一定的风险，我应该在没有发生事故前做好保障工作，防范风险。我也害怕若发生了事故，到时候员工上门索偿，那对企业来说就是一个经济负担了。与其这样，不如提前做好准备工作，防

患于未然。”

小萧：“管总，您的决定是对的。针对您的要求，我为您制定了雇主险这个保险方案，您看看，要是您还有什么疑问可以跟我说，我给您解答。”

管总：“我想知道这一款保险最大的特点是什么？”

小萧：“这一款保险在员工遭受意外伤害时赔付的保障金额是40万元，意外医疗赔付1万元，保费是按人数算的，每个工人要缴纳428元。您觉得这个方案怎样？”

管总：“这个方案不错，我想知道这个保险的赔付是怎么进行的。”

小萧：“在办理保险的时候，您要给我提供一份税务登记证的复印件。假如要进行理赔，则需要您提供您和工人的雇佣关系证明，然后我们按照工伤保险条例，对出险的员工进行赔付，40万元的保障金已经足够帮您解决问题了。这个保险理赔的对象是企业主，所以我们需要您提供一个常用账户，这样既能保护您的权益，同时也让继续在您公司工作的员工能享受到您给他们的福利。您说这划算吗？”

管总：“这个方案确实符合我的要求，那好吧，回头我让秘书把复印件送给你，你尽快帮我把这份保险办理好吧。”

小萧：“好的，没问题，只要您提供的资料齐全，我们会在接到资料的第一时间帮您办理，让您尽快享受到这份保障。”

保险销售话术360°全解：

很多保险销售员为了推销自己的保险产品，在客户面前夸耀保险产品能带来多大的利益，而不关注客户的需求，使得客户感觉到保险销售员推销的保险产品并没有解决自己的需求问题，而只关注保险的推销情况，这成为了客户直接拒绝保险销售员推销产品的原因之一。

一个真正能将保险产品卖出去的保险销售员要知道如何帮助客户实现利益的最大化，让客户感受到保险给其带来的利益，这是激发客户兴趣的一种有效方法。客户购买保险的最终目的是保障自己的利益，这些都是客户最关心的事情，有时候客户为掩饰自己想要获得优惠的心理而故意隐藏自己真实的利益需求，对此，保险销售员应该学会突破种种困难，挖掘出客户追求的真实利益，然后设计出符合客户真实利益的保险方案。

话术方式和策略

1. 以人为本

保险销售员："根据您的收入情况和我们的沟通情况，我觉得您比较适合办理投资理财保险，因此我推荐您购买分红险。这是分红险的保险计划书，这上面有现金红利的计算方法，您看看。"

客户："看您列在这上边的公式，这个保险是长期收益的，很符合我的要求。"

保险销售员要根据客户承担风险的实际能力为其设计相应的保险方案，而不是对客户进行简单分类，然后给客户推荐通用保险方案，尤其是一些寿险产品，其保障期限都是几十年甚至终身。因此，保险销售员要本着对客户负责的态度，对客户的经济实力进行正确估算，以确定客户是否有能力缴纳保费。

保险销售员在给客户设计保费的时候，不要一味地追求高额，一般按照客户年收入的10%～15%的比例进行设计。根据客户收入情况的变更和产品的推陈出新，给客户设计适合的保险方案，同时坚持不懈地拜访客户，从而让客户的保障计划更加完善。

2. 完善自己的服务

保险销售员："这是我根据您的情况制订的一份养老保险，其中添加了住院保险、重大疾病保险等附加险，这样能更好地保障您晚年的生活质量。您看看还有什么不满意的？"

客户："好的，这份保险很全面了。"

保险销售员在向客户提供保险险种的时候，要对公司已有的险种进行分析和研究，根据客户的情况，首先将客户的需求大致归类，其次再仔细研究保险条款，找出条款中对客户不利或保障不够的地方，通过加入扩展条款的方法，完善保险计划，让客户感受到自己的利益得到了维护。

专家建议

只有符合客户需求的，让客户感受到实现自己的利益最大化的保险产品才是客户最想得到的保险产品。保险销售员只有真诚地为客户周全考虑，才能让客户感到受到了关注，才能让客户放心地选择你推销的保险产品，甚至和你建立长期的伙伴关系，实现彼此的"双赢"。

模板 2 小东西引来大订单：这是我们公司推出的纪念品，送您女儿最好不过了

实战情景：

保险销售员小张和汪女士在一次聚会上认识，在聚会上，两人交流得很愉快，之后俩人还经常联络。最近小张所在的保险公司推出了一款针对少儿的保险，小张特意介绍给汪女士。

小张："汪女士，您女儿最近学习情况怎样？好久不见，我都有点儿想她了。"

汪女士："她最近学习挺好的。这不，快到她生日了，我不知道送什么礼物给她好。衣服、鞋子、玩具这些东西家里已经有很多了，再买也没什么新意，你帮我想想，送什么给她好呢？"

小张："这么巧啊，她快过生日了。正好，我们公司最近推出了一款纪念品，我觉得送给您女儿不错。"

汪女士："你们公司推出的纪念品是什么？"

小张："这一款纪念品的名字叫'亲情财富树'，它是一尊水晶储蓄罐饰品。"

汪女士："那这一款纪念品是不是得购买你们的保险产品才赠送的？"

小张："是的，它是为了纪念'亲情财富'这款保险产品的发行而专门设计的。这款保险的缴费期限是10年，并

且10年能为孩子积累‘五桶金’。一份礼物可以享受一生，您说这是不是送给孩子的最好的礼物?”

汪女士：“这个计划听起来不错，它和其他的少儿保险的不同点是什么?”

小张：“这一款保险有三大特点：第一，它是一代投入，两代甚至三代受益的一种投资方式，期满之后它有两种领取方式，即灵活利用生存金领取或分红领取，一个人的寿命越长，那他享受到的福利也就是领到的金额越多。当期满之后，首次获得的收益可以用于孩子的教育、婚嫁、创业等方面，等孩子长大了，能自食其力了，那么中期获得的红利可以给作为长辈的你们用来补充自己的养老金，而后期的红利则可以用于孩子自身的养老补充金，最后甚至还可以作为资产传承给孙辈。并且，它是一个财富积累的过程，期满之后，继续留存的，可以参加公司的分红。第二，它是一种累积财富的形式，是终身领取的。这款保险在孩子60岁之前，每两年派发基本保额的10%作为各种生活资金的补充；等到60岁之后，就变为每年派发基本保额的6%，直到终身。假如您一直把生存金留存在保险公司，那么您可享受累积生息，复利积累财富。第三，这款保险产品可以用保单贷款，在资金非常紧缺的情况下，您可以申请最高额为现金价值80%的贷款，这充分保证了投保人现金流动的灵活性。”

汪女士：“这一款保险真不错，是送给孩子的最好的礼物，而且保险赠送的水晶纪念品也很漂亮。”

小张：“是啊，汪女士，您真有眼光，同时看得出来您很疼爱您的女儿，这一份礼物是您送给她最有价值的礼物。

这漂亮的水晶拥有美好的寓意，同时这一份保险又是您对孩子最大的保障，这多划算啊。”

保险销售话术360°全解：

心理学研究发现，人都存在贪小便宜的心理，给客户赠送赠品就是利用人类的这种心理，以赠品作为销售的敲门砖，既新鲜，又实用。

话术方式和策略

1. 说好赠礼前的话

保险销售员：“××女士，您今天的发型真漂亮，而且这套衣服也特别适合您。您看，这是我们公司发行的一款纪念版的发簪，很有古典美的气息，和您今天的着装很相衬，送给您，希望您喜欢。”

客户：“哎呀，这个发簪真漂亮，上次我还专门到处买，可没买到。谢谢你啊，我非常喜欢它。”

保险销售员在销售前要说好赠礼前的话，让客户乐意接受你赠送的小礼物，同时使其有兴趣继续听你说下去。这样，保险销售员就给自己创造了一个介绍产品的机会。

2. 礼物要与保险相融合

保险销售员：“人们都说一本好书就像一位好老师，能够影响一个人的一生。这本我们公司内部出版的杂志就是您了解我们公司和保险最好的老师，希望您从它身上学到、获得您想得到的东西。”

客户："这本杂志看起来挺不错的，那我拿回去好好研究。"

保险销售员："假如您看了它，还有什么不明白的地方，随时欢迎您打电话给我或者找我面谈，我很乐意为您解答。"

保险销售员要使赠送给客户的小礼物跟保险有关，可以将公司内部出版的杂志、报纸、保险法、健康手册、新险种等图册赠送给客户，让客户在赠品中关注保险，给客户一个了解保险的渠道，这会让客户越来越关注并理解保险事业，并与你一同成长。

专家建议

小礼物，大智慧。保险销售员给客户赠送礼物时一定要让客户时刻想起这是保险销售员赠送的，并且要说好赠送礼物的第一句话，这是客户是否继续听保险销售员说下去的关键。

3. 小礼物赢人心

保险销售员在展业的过程中，可以通过给客户赠送小礼物赢得客户的好感。保险销售员可以给客户赠送一些包装精美、印有公司标志的实用小礼物，例如雨伞、笔袋、钥匙扣、储蓄罐等，这能让客户感受到销售员的贴心，更容易赢得客户的信赖，签单也就成功在望。

第二章

初次拜访的交谈话术：提高话术水平，与客户一见如故

保险销售员给客户留下的第一印象非常重要，这关系到保险销售员是否能拉近与客户之间的心理距离，也关系到保险销售员在销售、沟通方面顺畅与否。初次拜访客户，善听、巧问、会说是销售员必知的交流话术。

实战情景1：适当赞美客户

模板1 恰如其分地赞美：您工作上热心周到、有条不紊，我敬佩极了

实战情景：

××保险公司销售顾问小魏通过电话预约，成功获得了和××科技公司的柯先生面谈的机会。

小魏：“柯先生，您好，我是××保险公司的销售顾问，很高兴认识您。”

柯先生：“你好，幸会幸会，请坐吧。”

小魏：“柯先生，您的办公室多么宽敞啊，光线充足，

在这里办公肯定心情特别好。我能问您一个问题吗？”

柯先生：“请讲。”

小魏：“我想知道您桌上摆放的那个奖杯对您有什么特殊的纪念意义吗？”

柯先生：“哦，这个奖杯是两年前公司举行一场运动会，我参加‘铁人三项’获得的。”

小魏：“那我再问一个问题，您在公司工作几年了？”

柯先生：“也就五年。”

小魏：“那时间也挺长了，您在工作上的热心周到、有条不紊我早有耳闻，并且非常敬佩。首先我非常感谢您能抽出宝贵的时间来和我谈话。我今天来和您谈话可能会占用您15～20分钟的时间，我将利用这短暂的时间和您一起分析您的财务状况以及一个财务管理计划。”

柯先生：“好，你请讲。”

……

保险销售话术360°全解：

赞美的话语是世界上最动听的语言，当人们接受到他人真诚的赞美时，自然会感到心情舒畅，同时在愉悦的心情下，人们比较容易接受他人的建议。因此，作为保险销售员更需要培养自己对客户的赞美能力，对其进行恰如其分的赞美。

但是保险推销员在赞美客户的时候要恰如其分，也就是在赞美客户的时候，要因人而异、因地制宜，这样才会收到更好的效果。

话术方式和策略

1. 以具体而明确的事物赞美客户

保险销售员："林姐，听说您新买了一套住房，在什么地段呢？现在这市面上的房价又涨了，而且越涨越厉害，您可真有投资眼光啊！关于投资方面的事情还得请您多多指教啊！"

……

保险销售员："康小姐，您好！您这是古驰最新款的包包吧，颜色、款式和您今天穿的衣服都很相配，看起来就像是专门为您设计的。"

……

上面这两个案例是针对客户所拥有的物品对客户进行赞美，这样的赞美更具体，更能表明保险销售员对客户的了解以及对他的长处和成绩的看重，这能将销售员的真诚、亲切传递给客户，从而拉近了客户与销售员之间的距离。

2. 赞美要见机行事

保险销售员："杨经理，您的气色真好，面目红润有光泽，形体优美，一看就知道您在保养方面是个专家，我猜您一定是个注重养生的人。改天教教我怎么保养吧。"

……

保险销售员："韩经理，您对客户的态度可真好啊！细心周到、热情洋溢，我们卖保险的更应该向您学习，学习您的服务态度。这样无论遇到什么样的客户我们都能轻松搞定，您说是吧？”

……

专家建议

让人感到舒心的就是恰如其分的赞美。找到恰当的方法去赞美你的客户，你会从他们身上挖掘到你所需要的更多有利于销售的信息。

赞美的话语虽说人人都喜欢听，但也要谨记过犹不及的道理。作为保险销售人员对客户的赞美要相机行事，同时也要适可而止，过多的溢美之词只会让人怀疑其真诚度。因此，保险销售员对客户的赞美，只需要在和客户寒暄时使用一到两次就足够了。

模板2 赞美让客户骄傲的人和物：您儿子这么机灵，长大一定有出息

实战情景：

保险销售员小朱和李先生约好在一家儿童餐厅里见面。小朱看到李先生的儿子正在儿童游乐区玩耍，于是马上抓住机会开始赞美孩子。

小朱：“李先生，您儿子一看就是个聪明活泼的孩子，而且也能看出他有一个非常疼爱他的父亲，经常带他出来玩。”

李先生：“小朱啊，你嘴真甜。孩子都是父母的心头肉，没有哪一个家长是不疼爱自己的孩子的，你说是吧？”

小朱：“的确如此，孩子是父母的希望，父母都希望孩子能够过得幸福快乐。每一个受父母宠爱的孩子都是幸福的孩子。”

李先生："现在的孩子物质生活条件好，于是各方面的发展也比较快，我有时候会思考是不是该为孩子规划一个更好的未来？"

小朱："李先生，您的这个想法非常不错，现在很多父母都为自己的孩子规划好未来，不知道您为您家孩子规划好未来了吗？"

李先生："哎，就是因为现在有两种说法，一种认为让孩子自由发展才是最好的，一种认为作为父母的要给孩子规划一个美好的未来才是对孩子的将来负责任。所以我一直在想是不是将孩子的一辈子都规划好了，让他按照我规划的路去走呢？这样的人生对他有意义吗？"

小朱："李先生，其实您不必为这担心。咱中国人不是常说深谋远虑吗？其实，给孩子规划未来并不是什么坏事。"

李先生："但是我个人又不知道怎样规划才最好，而且一想到每年要花大部分的积蓄投资在孩子身上，我就感觉到头痛。我们只是一个普通家庭而已。"

小朱："那没关系，假如您要为您的孩子做一个好的规划，那么您打算每个月要支出多少费用呢？"

李先生："这个只能占家庭收入的一小部分。"

小朱："一个月支出400元怎么样？假如一个月400元，那么我可以为您设计一个5万元的子女教育基金的保险产品，这就解决了您家孩子从幼儿园到大学期间的教育问题了，你觉得怎么样？正好我这里带来一份类似的计划书，不知道您现在有时间参考吗？"

李先生："这样算，一个月的教育费用支出并不算多，我们家应该能接受。那我看看你的计划书吧。”

……

保险销售话术360°全解：

客户的工作、居住条件、身上的配饰都是保险销售员赞赏的对象，同样能让客户感到骄傲的人也是销售员赞赏的对象。案例中保险销售员关心和赞美客户的孩子，其实就是在赞美客户，这比单独赞美孩子的父母亲更有效，更容易让你的客户感到高兴。

保险销售员对客户的赞美就要围绕客户最引以为傲的人和物展开。那些让客户自豪的事物从保险销售员口中说出，更能让客户感受到自己受人尊敬和羡慕，从而满足他们的虚荣心。在这样的状态下，客户的心情会更加愉悦，也会更加愿意听保险销售员推广保险产品。因此，保险销售员要掌握客户的资料，准确地找到客户最引以为傲的事物。这样在面谈时才能对其进行赞美。

话术方式和策略

1. 以让客户骄傲的人为切入点赞美客户

“您家的孩子真逗，您看这眼睛，多机灵，一看就知道是个聪明活泼的孩子，长得多有灵气啊，长大了在学校里准能考第一名，比他爸爸妈妈还要厉害！”（这一般用于对儿童的赞美）

“您家孩子红扑扑的小脸，长得像小苹果一样，别提有多可爱了，还有这胖乎乎的小手，真惹人爱。孩子能长得这

么好，一看就知道是您照顾得好。”（一般用于对女性家长的赞美）

这两个案例都是以孩子的优点来赞美家长对孩子的教育有方或是照顾周全。保险销售员在赞美使客户感到骄傲的人时，语调要热忱生动，让客户觉得这是发自内心的赞美。保险销售员在赞美客户感到骄傲的人之后，要调转话锋，赞美客户，这样能让客户更开心。

专家建议

赞美的话对于任何人来说都是受用的，但是作为销售人员，初次与客户见面赞美客户时，尤其是赞美让客户感到骄傲的人和物的时候，要拿出自己的诚意，真心、切合实际地进行赞美，让客户感受到你的真诚，这样更容易获取客户的信赖。

2. 以客户的职业为赞美对象

当接触到非常热爱自己所从事的职业的客户时，保险销售员不妨对客户的职业进行赞美。赞美客户的职业，同时赞美客户在这一行业中所做出的成绩，说一系列的对客户肯定的话语，会让客户感到自己的价值得到了社会的认可。保险销售员要将客户的心理状态调节到戒备心理较弱的状态时再和客户谈保险，这样成功签单的可能性会更高。

模板3 请教也是一种赞美：我有个问题不明白，麻烦您帮忙解答一下

实战情景：

一个懂得赞美他人的人同时也是一个能够成功地推销自己的人。日本寿险业的推销之神原一平就是一个善于赞美客户的人。

有一次原一平去一家商店拜访店主。

原一平一到店门口，看到店主就跟店主打招呼：“先生，

您好！”

店主完全不认识眼前这个长得又矮又胖的人，他用疑惑的眼神看着原一平，问道：“你是谁呀？”

原一平非常谦和地说：“我是明治保险公司的原一平，我今天正好路过此地，有几件事想请教您这位远近闻名的老板。”

老板听了原一平对自己的赞美，有点不敢相信，他说：“什么？远近闻名？”

原一平非常真诚地回答：“是的，我问了好多人，他们都说让我找您请教这个问题。”

老板对原一平的说法感到疑惑，于是便说：“哦！大家都在说我啊！真不敢当，到底什么问题呢？”

原一平看了周围一眼，便神秘地说道：“实不相瞒，是……”

老板看着原一平紧张的样子，便对他说：“站着谈不方便，请进来说吧！”

……

保险销售话术360°全解：

每一个人都希望得到他人的赞美，我们的准客户也不例外。作为保险销售员，要学会用赞美的话去拉近与客户的距离，尤其是要学会向客户请教，因为每个人都有“好为人师”的天性，当你把你的客户当成你的“师”，对客户回答你的问题给予赞赏时，你会更容易得到他们的青睐。

话术方式和策略

1. 请教时要分对象

销售员小陈："张姐，您刚弄的这个发型真好看，和您的气质多么相称啊。我想请教您一个问题，不知道方便吗？"

客户张姐："小陈啊，你的嘴真乖巧啊，有什么事你就尽管问吧。"

小陈："听说您教育孩子很有方法，您家孩子今年高考考上了一所重点大学，恭喜您啊。我真的不知道如何做好家教工作，您看您把孩子教得那么有出息，能不能给我传授一下您的经验啊？"

销售人员在赞美客户的时候，要针对客户的特长来赞美，可以根据客户的年龄、学历、性格再到家庭背景、生活环境的不同，有针对性地赞美。在赞美的时候加上一点请教，态度要谦和，这样能让客户感到你的真诚，才有利于你跨出销售的第一步。

赞美客户要突出客户的个性，要有指向性，例如对于年长的客户，要请教其过去的辉煌成就，让其追忆当年的雄风；和知识分子客户在一起的时候，可以向其请教学术问题，赞美其知识渊博。总之要让你的客户感觉到你的赞美和请教都是真诚的。

2．赞美情真意切

销售员小王："刘总，我最近看了一下股市，发现您公司的股价在一路高升啊，这与您当年铁下心来要保住这个企业密切相关，大家都很感激您。我能向您请教一个关于企业发展的问题吗？"

刘总："小王啊，你我认识也有好几年了。实不相瞒，一个企业……"

刘总听到小王的赞美感到非常高兴，因为小王不是给他戴高帽，而是对他的成绩进行了公平的评判。

作为一个保险推销员，只有用你的诚心去赞美你的客户，才能让你的客户感受到你对他的尊敬，而不是觉得你是在对他阿谀奉承。

3．请教要合乎时宜

保险销售员向客户请教需要讲究时机，一般在刚与客户见面的时候就开始向其请教，能够拉近销售人员和客户之间的心理距离。假如客户已经取得一些成就，向客户请教他人已经问过很多遍的问题，有可能引起客户的反感，使保险销售员有溜须拍马的嫌疑。

保险销售员不仅要抓住时机，而且，向客户请教时要表现出谦和的态度，同时要在面谈之前对客户的资料进行全面的了解。比如客户的研究领域和工作性质等，这样在面谈的时候能够有针对性地提出问题，能让客户感觉到保险销售员的真诚，从而缩短双方之间的心理距离。

专家建议

其实向客户请教也是一种赞美方式，它在满足客户"好为人师"的欲望的同时又让客户感到受到尊重，这样能够帮助销售者获得客户的好感，促进销售签单的成功。

实战情景2：会说先会听，让客户自己说下去

模板1 主动提供帮助：您好，我能帮助您吗？

实战情景：

王慧丽是一名保险销售员，与大多数保险销售人员有所不同的是，她在工作之余喜欢拍照，经常拍一些风景和人物。一天，王慧丽在公园散步，她看到不远处有幸福的一家人正玩得很开心。一会儿之后，女主人突然打开自己随身携带的背包寻找什么，并且表现出很懊恼的神情，于是王慧丽马上走过去询问情况。

年轻的妈妈打量了王慧丽几秒钟，看到她手中的相机就说道："姑娘你好，我们出来游玩的时候忘记带相机了，您可以帮我们拍几张照吗？我们会按市场价给你钱的。"

这时候王慧丽回答道："这位太太，摄影是我的爱好，我很乐意帮你们拍照，我这是免费的，你们赶紧摆好造型吧。"

这三口之家在相机面前摆了好几个造型，王慧丽的手在不停地按动着快门。帮助这一家留住了幸福的瞬间。拍照结束后，王慧丽将拍好的照片展示给这一家人看，他们非常满意。

这时候王慧丽说："你们给我留个地址，等我把照片洗出来了给你们送过去吧。"

孩子的妈妈已经消除了对王慧丽的戒备之心，爽快地把地址给了她。

一个星期后，王慧丽按照那位太太给的地址找到了她家，并把洗好的十几张照片递到她手中，她接过照片，要把冲洗照片的费用给王慧丽，王慧丽当即拒绝了。她对那位太太说："太太，您家宝贝太可爱了，是她给我提供了拍照的素材，那么好的资源我上哪找去呢，我感谢您都来不及。"

这位太太被王慧丽的热情感动了，于是便和她攀谈起来。

"姑娘，你从事的是什么职业呢？"

王慧丽回答："太太，我从事的是保险推销工作。"

孩子的妈妈又问道："我最近正寻思着要给我们家孩子买保险。你看，咱们也算是有缘人，你能给我介绍一下有关儿童保险的事宜吗？"

王慧丽非常高兴地回答："太太，这个没问题。"

于是王慧丽就向这位妈妈介绍起了儿童保险，最后还成功地签下了这一单生意。

保险销售话术360°全解：

保险销售员在进行陌生拜访的时候并不是什么时候都要以索求客户资料或信息为直接出发点的。其实换一种方式，主动地帮助你的准客户，能够帮助你成功获得签单。因为在你主动给予对方帮助的时候，其实就是与对方建立了一种相互信任的关系，这无疑就淡化了保险的功利性，让保险销售人员享受到最大的益处。

话术方式和策略

1. 在提供帮助之前从心理认知角度和准客户沟通

“吴先生，有一种不用纳税的赚钱方法，我很乐意介绍给您，不知道您是否有兴趣听听呢？”

“刘先生，我想向您请教一个问题，就是假如有一天您认识的一个朋友生病住院，而他的住院费和医疗费都有人帮着付清了，您说这对于他来说算不算是一件好事呢？”

“赵老板，我今天之所以来找您是因为我得知您在商海打拼了十多年，现在您已经拥有了自己的事业，并且拥有一个幸福的家庭。所以，我想请教您，假如有一份完善的计划能够保障您的资产，那么您是否愿意花 10 分钟时间来了解呢？”

……

类似上面的这些话语在语意导向上都是指向客户，寻求客户肯定的答复，而且即便不幸遭到客户的拒绝，那也不会造成双方之间的尴尬局面。这些话语在形式中注入了理性，让客户感觉到销售员是从自己的需要角度出发的，这样就能够在话语沟通中实现交流和销售的目的。然后在得到客户的肯定回答后，销售人员就可以自然地要求为客户提供某种帮助了。

2. 创造一个轻松友好的谈话氛围

“朱先生，最近的股市可是牛气冲天啊，相信您肯定在股市上如鱼得水吧。您能否教教我怎样才能成为像您那样有远见的人呢？同时您是否考虑过让您的股市上的资产变得有保障呢？”

轻松活跃的谈话氛围，能够让客户一开始便感觉到你是站在他的立场上为他谋取最大的利益，这有助于帮助推销员与陌生的准客户之间建立起信任的基础，为接下来的“提供帮助”埋下伏笔，从而进行融洽的沟通，直至推销成功。

专家建议

保险销售员主动给客户提供帮助，让客户感受到其真诚，会让客户从心里感激保险销售员，这样有利于保险销售员与客户之间建立良好的人际关系，同时也有利于保险销售员推销保险产品。

模板2 先给客户表达意见的机会：那么您的看法是……

实战情景：

一天，保险销售员小田和客户王大姐就制订的保险计划书一事进行商讨，王大姐非常不满意小田制订的计划书，于是说话的时候显得有点急躁。

小田：“王大姐，首先我对您现在的心情深表理解，是不是我制订的计划书给您造成了什么困扰？”

王大姐：“小田啊，我是因为信任你，才跟你买的保险。”

小田：“谢谢王大姐，那您能说一下您对这份保险计划书的具体看法吗？”

王大姐：“我说了你可不要不高兴啊，老实说我觉得你所制订的计划对于我这个老人家没啥用处。”

小田："那您的看法是什么？"

王大姐："其实也没啥特别的，咱们平民老百姓买保险图的就是保障，所以我投保就是想在我退休之后多领点钱。而你的保险计划书却是身故之后才能接受赔偿，那我退休后的生活还怎么过呢？"

小田："好的，王大姐，我一定根据您的要求重新帮您制订一份养老保险，您觉得怎样？"

王大姐："好啊。"

小田："那我明天把重新制订的保险计划书给您送过来，您看怎样？"

王大姐："没问题，但是你给我送过来之前要先电话通知我一声。"

小田："好的，我想问您一个问题，您看方便吗？"

王大姐："行，你问吧。"

小田："您希望退休后一个月领多少钱呢？"

王大姐："小田，看你这话问的……每个人对于钱都是嫌少不嫌多的，我也是这样。"

小田："其实大家都是这样的想法，我也一样。假如您在60岁退休之后每年领到4 000元，那您觉得这个数目少吗？"

王大姐："这也不算少了。"

小田："那王大姐，您对这份保险还有什么看法呢？"

王大姐："我就怕到了退休年龄之后，我没从保险公司领几年钱就死了，那我投资的成本就多了，亏大了。"

小田："王大姐，这个问题您也不用担心，其实是有办法解决的，您可以在退休之后一次性领取这些养老保险金。”

王大姐：“一次性领取和一年领取一次的区别在哪呢？”

小田：“是这样的，您看，这有一个计算公式……”

王大姐：“这样算我就一目了然了。”

小田：“那么王大姐您对这份保险还有什么看法吗？”

王大姐：“我的看法刚才全都说了，现在没有任何意见了。”

保险销售话术360°全解：

让客户表达自己的意见，最简单的一种方式就是学会倾听。倾听是保证语言沟通有效性的重要手段，拥有良好的倾听技巧能够帮助推销员解决保险销售中的许多实际问题。保险销售员在与客户面谈的时候，要主动引导客户说出自己的意见和想法，这就需要保险销售员通过一系列的问题，让客户说出自己的观点和看法，直到其说出自己的真正需求为止。

话术方式和策略

1. 保持赞同而非否定的心理状态

客户：“我想知道这款保险产品的风险在哪？其存在的风险有多大？”

推销员：“好的，那我们一起讨论一下吧。这一款保险产品的风险是……但是，它的风险系数很低，并且它的收益比风险要好。那么您的看法是？”

客户："我觉得它还是不很适合我，你还能跟我分析一下其他保险产品的特点吗？"

推销员："好的，这是今年刚推出的寿险和理财保险。"

这其实就是鼓励客户与自己合作的一种方式，这些话都带有一定的引导性。保险销售员可以通过一些能够影响客户思维判断的句子，寻求到自己所需的答案，并促成合作。

2．协商讨论法

推销员："我们就这样定下来，您有什么看法吗？"

客户："没问题，这个保险计划已经非常符合我的要求了。"

以商讨的口吻向客户提出问题，这有利于将谈话气氛控制在平和的状态，即使对方没有接受，也可保持气氛的融洽。

3．澄清证实法

客户："我还有一些问题没弄明白，我就想知道到底是怎么一回事？"

推销员："假如我帮您弄明白了这些问题，并且您对这些问题没有异议，您就会签字，是吧？"

推销员要正确理解客户的诉求，同时要让客户表现出明朗的态度，就要掌握话语主动权，主动引导出客户的看法，对客户是否有意愿购买保险进行正确判断，进而针对客户的情况采取相应的措施。

专家建议

保险销售员要谨记倾听的重要性，只有给客户表达自己意见的机会，才能更加准确地把握住客户的真正需求，才能做到因人而异地制订保险计划书，这样才能符合客户最基本的需求，提高保险签单率。

模板3 主动引导客户说出自己的看法：我重复一下，您的意思是……

实战情景：

保险销售员小方："瞿小姐，您多么幸福啊，有一个美满的家庭，一个聪明可爱的孩子。您的孩子今年六岁了，是吧？"

客户瞿小姐："是的，我们家孩子刚上小学。"

小方："九年义务教育在我们市里也全免费了，现在的孩子真幸福。"

瞿小姐："哎……现在什么都在涨价，就是工资没涨，并且现在孩子的教育经费支出仍然是个大问题啊。孩子上个好学校还要排队摇号，不想这么做，但又不能让孩子输在起跑线上，你说是吧。"

小方："确实是这样，孩子应该受到好的教育，多读一点书好啊。但是假如经济不景气，收入有所波动，孩子的教育就会受到影响，你们考虑过给孩子存入一笔教育经费吗？"

瞿小姐："我和我先生早就有这个打算了。"

小方："不好意思，我重复一下您的意思，您是说已经有为孩子存教育经费的打算了？"

瞿小姐："是的，要不以后发生什么状况，那孩子的上学问题谁管呢？"

小方："这个想法很不错，根据我们今年的计算，一个普通大学的本科生一年的花费大概在2万元，那么大学四年下来大概要花费8万元。而重点大学的本科生的花费比这个数据还要高2万~3万元，假如没有为孩子准备足够的教育经费，那么他们受教育的权利就会受到影响。"

瞿小姐："孩子的前途不敢耽误啊，现在这个社会到处都在竞争，要是孩子的能力和知识水平低，将来进入社会之后，怎么在社会上立足呢？他长大的时候也是我们渐渐老去的时候，假如他连自己都养不活，那谁来赡养我们呢？"

小方："那你们有没有考虑选择一款教育基金为您家的孩子投保呢？"

瞿小姐："我对教育基金不是很明白，所以不知道该不该投。"

小方："那您的意思是，假如您对教育基金有了了解之后，并且觉得它确实符合您的要求，您会考虑投保是吧？"

瞿小姐："当然是了解之后才考虑。"

小方："那您介意我现在跟您介绍一下教育基金的投保问题吗？"

瞿小姐："你说吧，我今天就是想了解一下教育基金。"

小方："教育基金又叫少儿教育险，是针对少年儿童在不同生长阶段的教育需要提供相应的保险金。您看，这是我们公司制订的教育保险金计划。每个不同的年龄段投保所缴纳的费用是不同的，年龄越大，每个月要缴纳的保费就越贵，所以您还是早点投保。这样，费用低，并且享受的利益也多。”

瞿小姐：“假如在那么长的投保期间，我们夫妻俩工作调动了，孩子随我们到外地接受教育了，那么这个费用怎么算呢？投保还有效吗？”

小方：“这个情况公司在设计这份保险的时候就考虑到了，具体是这样的，您看我都给您圈出来了，就是这一点，您自己看看您还有什么不明白的吗？”

瞿小姐：“好的，我了解清楚了。”

保险销售话术360°全解：

作为一名保险销售人员，更多的时候是要扮演一个倾听者的角色，让客户多说话，让其充分地表达自己的看法，并且销售者要对他们合理的观点给予认同。同时谈话过程中，在恰当的时候以提问的形式重复他们的观点，以表明你对他们的观点已经认真思考。

一个成功的保险销售员，并不是一个口若悬河、沉醉于自己对保险产品的介绍之中的人，而是一个把说话机会留给客户的人。这其实就是在保险销售员掌握话题控制权的情况下，让客户在说话的时候能够提出更多的问题，然后对客户提出的这些问题有针对性地解答。同时保险销售员要从客户的问题中发现核心内容，这样销售者的签单成功率才会更高，同时也会给客户留下良好的印象，有利于销售者扩大自己的人际关系。

话术方式和策略

1. 提前进行巧妙的暗示

销售员："××先生，我们公司的这款储蓄型保险是您最好的投资机会，在5年后您就可以获得收益了，您获得的红利正好可以支付您家孩子的大学生活费！您说这划算吗？"

客户："……这么一算，确实挺划算的。"

销售员给客户进行暗示，一定程度上就是给客户购买自己所推销的产品增加信心，销售员在给客户暗示之后，同时要给客户充足的时间让其思考，这样更容易让销售员的语言暗示对客户的思想产生影响，并给其一种错觉，认为那是自己思考的结果，使得他更坚定自己的购买意愿。

2. 引出客户的真心话

销售员："您之前提到过您家孩子的教育费用……"

客户："正是因为这样我才要慎重思考。"

销售员："但是……"

客户："你就不能给我多一点时间思考吗？"

很显然，这是一次失败的尝试。针对这样的现象，销售者要知道从另一个角度去引出客户说出真正的想法。可以换一种说法，例如"我知道您很想买，但是这项投资的缴费负担太重"，这样就能让客户进一步说出真心话，就有希望进一步促成交易。

专家建议

善于倾听，少说多听，从与客户的谈话中发现客户的真实想法，并让客户表达出来，从而帮助客户找到他最需要的保险产品，这样的保险销售员更受客户的欢迎。

模板4 客户拒绝交流怎么办：您不买也没关系，您可以了解一下这方面的知识

实战情景：

客户万先生："这连续几个月开支都是有增无减，而收入却在缩水，这日子咋过啊？对于我们这样的平民老百姓，买什么保险，不买！"

保险销售员小吕："万先生，人还是要乐观地生活。我们要知道，风水轮流转，而且情况也不可能一直坏下去的。您要振作精神，时来运转之时，您奋力拼搏，就能翻身了。但是，换个角度想，时运不济的时候，我觉得您更应该给生活增加一份保障。"

万先生摇了摇头，对小吕摆摆手，说："不用，我不买保险。以后会怎样我还不知道。"

小吕很慎重地说："未来怎样谁也不知道，但是您没必要那么悲观，您可以不买我的保险，但是您应该对保险有一个正确的了解。这不是为了我好，而是为了您好，这样能使您更正确地认识保险，也能为您以后的生活提供保障。实话跟您说吧，保险不是越贵越好，而是最合适的才是最好的。"

万先生听了销售员小吕的话之后，点了点头："确实是这样，我之前也遇到一些保险推销员，他们总是向我推荐超过我收入能力的保险产品。再说了，他们都把保险说得天花乱坠，我哪知道实际情况是怎样的，难道保险只赚不赔吗？"

小吕："万先生，您说的这种现象确实存在，但是您想想，他们也是为了您好，只是方法用错了。您现在不是对保险知识不了解吗？那您介意我现在跟您详细地介绍一款比较适合您的保险产品吗？您现在不用立即决定是否购买，您只需了解就行了。"

万先生："小伙子，你人真好，那你给我补补这方面的知识吧。"

小吕："好的，万先生，那我先跟您说说保险是怎么一回事吧。保险其实就是经济低迷时最佳的护身符，例如您现在收入减少，就要在开销方面作出调整，而这时候就是买保险的好时候，并且保险费只是您过去赚大钱时候的一小部分。这时候适当投入一点资金在保险上是非常划算的。"

接着，小吕又说道："假如您正在创业，那么需要资金投入市场，这时候就可以选择终身保险及定期保险比较合适，但是假如以后您成家立业之后，有了妻儿，那么这时候您可以考虑给您的妻儿投保，一张教育基金及太太的终身保险是您对他们的关爱；再进一步说，假如你要换个大房子，这时候一张金额与贷款相等的保险是最合适不过的了；当你事业稳定时，感觉您的一生到了应该好好享受的时候，那么您就需要计算好退休金额，同时可以考虑再添一张增值养老险。"

万先生听了之后，对小吕说："小伙子，那您能跟我具体说说，保险的优势在哪？它有什么局限性吗？"

小吕："万先生，您可真细心，这您都考虑到了。那好吧，我跟您具体分析一下我刚才跟您提到的这些保险。"

保险销售话术360°全解：

一般客户拒绝购买保险都是从自身需要的角度出发的，但是作为销售人员要做到绝不轻易放弃。无论是客户真的认为自己不需要任何保险产品，还是这只是为他们的拒绝找理由或搪塞，都要坚持、努力去做到让客户意识到保险对于自己的重要性，进而深入挖掘客户的潜在需求。

当一个销售人员能够这样做的时候，他就能让客户深刻地意识到，保险是每个人的需要，只是具体需求不同而已。这样更能让客户在了解保险信息的同时坚定自己购买保险的信心。当客户坚定自己购买保险的信心时，签单就会变成现实。

话术方式和策略

1. 承认客户觉得没需要是正常的

客户："我觉得我完全没必要购买保险。"

保险销售人员："没关系，很多人都有您这样的想法，这是正常的。您现在不需要保险我能理解，因为您还年轻。但是作为朋友，我还是希望您能仔细考虑一下，假如有一天，我们都老了的时候，失去了劳动能力，而我们又没有足够的商业保险来保障自己的生活，那么我们的晚年是多么的痛苦。但是，假如您在年轻的时候就购买一份商业保险，那么到了晚年，您就可以快乐无忧地安享晚年了。您说是不是这样呢?"

保险销售人员要站在客户的角度向客户说明为何他会出现这样的情况，这样能让客户感觉到你的真诚，感觉到你是真的为他考虑，这样更容易改变客户的想法，让客户的拒绝理由在你的说服之下显得苍白无力，让其意识到保险对于他的重要性。

2. 缓解客户的心理压力，传递给客户的只是一种提供保险信息的信号

客户："都说买不起保险了，你还跟我说这些有啥用呢？"

销售员："××大姐，您放心，我不是跟您推销保险产品的，而是给您提供保险信息的，而且购买的决定权始终在您手中。"

不是为了推销而推销，而是通过提供信息，让客户意识到自己的需要然后作出选择，这才是推销员真正聪明的做法。

> **专家建议**
>
> 销售人员应该学会创造客户的需要，这就需要给客户提供相应的保险信息，让客户的潜在需求得到满足。

实战情景3：字斟句酌，让自己的表述更有说服力

模板1 站在客户的立场说：您想想，我们现在只要每天节省××元钱，将来……

实战情景：

客户张小姐："小云，我之前的确想过要买一份养老保险，可是现在怎么算好像都不划算，而且利润有点低。"

保险销售员小云："张小姐，那我来跟您算算利润是不

是真的低。您看，咱们现在每天就存20多元钱，这也不过是咱们中午出去吃一份快餐的钱，这对于我们的生活根本不会造成任何影响吧。您想想，当我们存满20年，这些钱加起来也就是16万元，您总共交了16万给保险公司，那么您从保险公司获得的收益是多少呢？这个我给您具体算算。”

说完，小云拿着计算器按照公式给张小姐计算出她最后得到的收益：“您看，您的收益包括身故保险金、满期保险金各20万元，加起来已经40万元了。除此之外，还有养老金12．5万元，这三项保险金加起来就是52.5万元。您存的16万元变成了50多万元，这怎么算都是翻了两倍多了，这利润比您把钱存银行要高得多吧，这怎么还算低呢？您说是不是这样啊，张小姐？”

张小姐：“小云啊，我可不能保证我一定能活到80岁啊，而你却将期满保险金也算到里边去了，这个似乎不太合理吧？”

小云：“张小姐，您不要那么悲观，我可不相信您活不到80岁，我这么算是有科学依据的。这么跟您说吧，您看，你身体很健康，而根据科学研究发现，现代人的平均寿命每年都在延长，而且女性的寿命和男性相比还要长出5～8年，您活不到80岁才叫奇怪呢。”

张小姐：“小云，我还想活到90岁呢。你看，我也是诚心要买保险的，你能给我打个折扣吗？”

小云：“张小姐，我也想让你享受折扣，但是没有这个政策啊，这养老保险金我实在没办法给你任何折扣。可能是您对这个保险的计算方法不太明白吧，我跟您说吧，每一份保单的价格都是公司经过专门的理财专家制定出来，已经规定好了的，我们做销售的不能给您打折扣，您存进去多少钱，实际收益多少钱，都是按照这个保险产品的计算公式严格执行的，您看，这个计算表就在这呢。”

张小姐：“是吗？不是说你们卖保险的都有回扣吗？”

小云：“张小姐，不能打折这确实是事实，但是至于你后面听说的那些我就不太清楚了，只是我没有遇到过。您想想啊，保险公司的宗旨就是为客户提供保障，假如所有的保险公司都打了折扣，那么就会形成一种恶性竞争，保险公司收到的都是打折之后的存款，这在一定程度上说公司的资金就缩水了，假如遇到什么情况，公司无法对客户的意外进行赔付，那公司怎么办呢？所以这个要求自然就限制得特别严格。希望您能理解。”

张小姐：“看来您还是一个挺正直的人，坚持按照规则办事，就冲这一点，我买一份。”

小云：“谢谢您，张小姐，假如您是我，我相信您也会这样做。”

保险销售话术360°全解：

保险销售人员在与客户谈话的时候要站在客户的立场上去思考问题，这样能够让客户对公司产生认同感，从而促使销售人员销售任务的完成。

当销售人员站在客户的立场上思考问题但客户仍然无法认同时，销售人员不妨站在公司的立场上说话，这样更具有说服力，也更容易获得客户的信任。

作为一个保险销售人员，要知道权衡客户、个人和公司的立场，这样才能站在正确的立场上作出完美的表述，同时要谨记，站在客户的立场上思考问题是获取客户好感的一种有效手段。

话术方式和策略

1. 人性化服务

站在客户的立场上说话就是销售人性化的一种表现，作为一个保险销售员要认同客户对公司及保险的看法，这对保险销售非常有利。同时设身处地为客户着想，使保险销售人员能够敏锐地洞察客户的独特需求，进而采取恰当的销售方式。这种因人而异的销售能产生强大的亲和力，能够给客户带来与众不同的购买体验，并且对销售人员留有良好的印象。

2. 运用同理心

客户："这个保险产品对于我们这样的家庭来说能带来多大的收益？"

保险销售员："您看，这个具体的算法在这份计划书上，您可以仔细看看。我们家的一个亲戚，他们家的状况和您家的相似，当时也问我应该买啥保险好。都是一家人，我想他们买就和我买一样，所以我经过思考和分析了他们家的情况后，就特地为他们家选了这款保险产品。他们现在的收益还挺好的，我想每个人都想生活得更好，买保险的人也一样，所以我已经根据您的情况制订出了相应的产品计划书。您看看合适吗？"

专家建议

换位思考，站在客户的立场上说话，能使保险销售员更加了解客户的最基本需要，这样能够有针对性地推销适合客户需要的保险产品，同时能获取客户的信任，促成交易。

利用同理心，更能够拉近客户和销售员之间的距离，使客户对销售员产生信任，同时有利于保险销售员有针对性地给客户介绍保险产品。

模板2 避免含混不清的表述：哎呀，具体的我也跟您说不清楚了

实战情景：

客户陈女士："重大疾病一听都是不怎么吉利的。而我对重大疾病保险也不是非常了解。"

保险销售员小廖："陈女士，这个重大疾病保险是说已经购买了该保险的人，假如身患重大疾病住院治疗，那么他就可以依照保险条款获得一笔钱来支付医疗费用。我们公司针对女性专门制订了一份能够为女性常见的30种重大疾病提供保障的保险计划。"

陈女士："原来是这样啊，我算是知道了个大概。"

小廖："如果您今天就开始这份保险计划，按照国际惯例，在90天内发生重疾，保险公司只能按规定退还保费。这么做的原因是为了避免有些客户带疾病投保，这对其他客户不公平。同时这也能确保每个客户都在公平的情况下享受保障。"

陈女士："但是我听说保险公司投保的手续非常快，但是理赔手续很麻烦。"

小廖："陈女士，这个问题您可不必担心，在保单有效期内，只要是经过医院证实是在保障范围内的疾病，那么我们公司都会尽快为您办理理赔手续，同时我个人也会为您提供服务。"

陈女士："那就好。"

小廖："陈女士，关于这个理赔的金额我想我有必要让您知道是怎么一回事，假如当客户身患重疾时，保险公司按

照保险金额给付了10万元的重疾保障金后，那您的身故保障金就会相应地减少。这一点我们接下来详谈。”

陈女士：“好的，我明白了，你继续说吧。”

小廖：“刚才说的身故保障金，就是说您将第一笔保费存入我们公司，在这之后，公司就立即给您和您的家人建立了一份高额的保障。您看，您现在30岁，但是人的一生有多长我们无法预知，但是在您30~50岁之间的这段时间，正是您孩子成长的关键期，而您又是家里的关键人物，照顾一家老小，背负的责任重大啊。我为您慎重考虑这一点，这份计划可以为您提供高额的人身保障，为您减少一些担忧。”

陈女士：“那么我具体该怎么办呢？”

小廖：“陈女士，总之就是发生意外或疾病身故都赔偿20万元，具体情况在这份保单上都有，您自己看吧，具体我也说不清楚。”

客户：……

保险销售话术360°全解：

作为保险销售人员，在向客户推销保险产品的时候，表述要清楚。不能含糊其辞，以“具体我跟您说不清”来敷衍客户，这样会显得保险销售人员非常不专业，从而让客户对销售人员产生不良印象，影响销售人员推销保险产品。

保险推销不仅要靠口才，同时还需要诚心，一个诚心为客户服务的保险销售人员更容易获得客户的信赖，这样能够让老客户拉动新客户，使保险销售员的人脉变得更加广阔。

话术方式和策略

1. 不要使用深奥的专业术语

保险销售员：“××先生，您购买的这一款人寿保险，需要您在指定日期内趸缴费用。”

客户：“什么是趸缴费用呢？”

在这个案例中，保险销售员就因为使用了保险名词“趸缴”，使得客户不理解销售员要表达的意思。这样就会让客户觉得销售员是在故意卖弄知识，把客户当作无知，甚至让客户怀疑销售者是想故意欺骗客户，使得客户对销售员产生排斥感。销售员应该将深奥的专业名词用通俗易懂的解读方式来向客户解释，这样更容易使客户明白。

2. 说话表意要清晰

客户：“这个保险条款怎么解释？”

销售员：“反正都写在那里了，您自己看吧，具体的我也解释不清。”

这就是典型的含糊其辞、推卸责任的表现。作为保险推销人员，向客户解释清楚保险产品是义不容辞的责任。在向客户解释的时候，只有做到表意清晰，让客户真正理解保险条款中的每一项内容，才能让客户对你的服务感到安心、踏实。

专家建议

含糊其辞的介绍，会让客户怀疑你的身份，甚至对你推销的保险产品产生质疑。要做一个成功的保险销售员首先就要使自己的表达清晰，让客户非常容易理解你所表达的意思，这样才能让客户找到他们所需要的保险产品。

模板3 啰唆会要命：对不起，只能谈10分钟，我改天再来拜访

实战情景：

日本推销之神原一平有一块可以当闹钟使的手表，他在和客户见面的时候都会设定10分钟的谈话时间，当10分钟的谈话时间一到，他的手表闹钟就会自动地发出提醒的声音。这时候他就会起身对客户说："对不起，只能10分钟，我改天再来。"

有一次原一平与一家公司的总经理预约见面，他来到该公司的前台，向前台小姐说了他已经和总经理预约了，当前台问他预约的时间是多久的时候，他说10分钟。于是前台小姐带他到了公司总经理的办公室。

公司总经理："你好，请问你是哪一位？"

原一平："总经理，你好，我是××保险公司的原一平。今天跟您预约了10分钟的谈话时间，因此我就直接跟你谈论我要说的事情吧。"

公司总经理："那好吧，你给我介绍一下有哪几款保险产品比较适合我和我的公司。"

原一平："您看，这企业的保险产品根据投保人的需要分别有以下几种……"

原一平正和该公司的总经理说到一半的时候，手表的闹铃响了，于是他立即起身告辞，并告诉总经理："真抱歉，我们约定的谈话时间到了，我不得不走了，我们下次再谈吧。"

公司总经理："你真是个守时的人，那好吧，咱们下次再谈，到时候你可得把事情给我谈清楚了再走啊。"

原一平："好的，改天再见。"

原一平在客户意犹未尽的时候转身离去，这无疑是将客户的胃口高高地吊起来，为下次拜访做好了准备，同时也给客户留下了他是一个守时、讲信用的人的印象，此外还给客户带来一种"这个销售员的时间非常宝贵，他的客户一定非常多"的想法，从而在从众心理的影响下选择其所推销的保险产品。

保险销售话术360°全解：

保险销售员在与客户进行谈话的时候，不要长篇大论地向客户论述各种保险产品的优点，这样不仅会耽误自己访问下一个客户的时间，同时也容易引起客户的反感。销售人员抓住谈话的有利时机主动告辞，还能给客户留下好的印象。

保险销售人员在工作中要避免啰唆，这样不但能避免浪费彼此的时间，还能让自己的语意表达得更清楚。因此保险销售员在工作中要做到言简意赅，简单明了地表达出自己的意愿。

话术方式和策略

1. 巧用词

保险销售人员要站在客户的角度去考虑问题，在使用词语方面也要注意。例如在和客户谈到缴纳保费的问题时，可以用“初期投资”让客户感觉到自己能从保险中获取回报，而假如使用“头期款”就会让客户感觉到自己只是每个月要定期给保险公司支付一定的费用，而无任何收益。总之，从客户的立场和心理出发，选用让客户感觉自己是受益人的词语，更有利于保险销售员的销售工作顺利进行。

2. 抓住关键词

“您最基本的需要是什么？”

“您最感兴趣的一点是什么？”

“您最担心的是哪一环节？”

保险销售的关键就是让销售员找出决定客户购买保险产品的重要因素。假如客户列举出自己不喜欢购买产品的理由，那么销售人员要耐心地听其讲完，然后再针对客户最关心的重点问题进行讨论，这样更容易打消客户的顾虑，说服其购买保险产品。

3. 养成良好的语言习惯

销售员：“这款产品的特点是这样的……对于我们专门为您设计的这款保险产品，您看怎样？”

销售员：“您看，这是××先生购买这一款产品的说明书，这上面还附有这一款产品的具体收益的计算方法，相信您看了就能明白，您看您是否也考虑考虑？”

专家建议

销售人员说话要简练，并且在与客户沟通的时候不要滥用专业术语，否则只会让客户感到紧张，从而无法作出正确的判断。

在和客户进行交流的时候，销售员要避免命令式和乞求式语气的运用。但是可以适当地将停顿和重复运用于交谈之中，让客户有接受信息和认真思考的时间以及对销售员所说的事情有一个深刻的印象。

第三章

介绍产品的话术：提高产品推介水平，提升客户购买意愿

要想成为一名优秀的保险销售员，让客户愿意购买你推销的保险，就要用你出色的口才去推介保险产品，让客户真实地看到自己的利益所在，这样才能让你的保险销售业绩节节攀升。

实战情景1：精雕细琢产品推介词

模板1 介绍要合理简单：这是我们公司新推出的项目，您可以看一下是否符合您的需求

实战情景：

蒋先生对保险投资理财产品非常感兴趣，经常会和保险销售员小宋谈投资理财的事。因此，小宋在公司一推出新的产品就立即联系蒋先生，让蒋先生看看是否符合自己的需求。

小宋："您好，蒋先生。最近的投资项目收益好吗？"

蒋先生："还行，不过我想找一份新的理财项目继续投资。不知道你有什么好的推荐？"

小宋："蒋先生，您问得正巧，我们公司刚推出了一款理财分红保险，我拿来给您这位行家看看是否符合您的需求。"

蒋先生："好的，我看看。其实，我买保险理财产品就是想降低投资风险，稳健就行了。"

小宋："那正好，这款保险的特点就是稳健。它是介于储蓄与股票之间的最佳投资方式。您知道，分红险不仅保本，还能分红，并且红利是按复利的形式计算的，复利的计算方法只会让您的财富像滚雪球一样，越来越大。"

蒋先生："复利确实很诱人。"

小宋："只要您购买了我们公司的分红险，那么您就可以成为公司的股东，就可以享受到公司的分红。同时您也不用担心您的理财产品没人帮你打理，不像炒股，需要自己去打理，又要提心吊胆。我们公司的分红保险，是由专门的投资理财专家运作的，它能实现资产稳定增值。"

蒋先生："那你们公司的这一款保险产品吸引人的地方在哪？"

小宋："我们公司的这一种理财产品它吸引人的地方在于，它能确保在投资亏损的时候给您一年期的银行利率回报。假如超出一年期的利率收益，则该部分收益以您七我三的比例分配。您觉得这款投资产品适合您吗？"

蒋先生："小宋啊，你对这款理财产品的解释让我很满意。"

小宋："蒋先生，那咱们现在是不是就针对计划书具体谈谈呢？"

蒋先生："好的，没问题。"

小宋："那好，咱们来看看计划书的第三页吧……"

保险销售话术360°全解：

推介产品，保险销售员首先要知道保险产品的基本特征和卖点。产品的基本特征一般是指产品的功能特点和具体构成等具体事实。保险销售员最重要的是把产品对客户有什么益处明确指出，让客户看到自己购买产品所获得的利益，这样才会激起客户的购买欲。

因此，保险销售员在介绍产品时，应主动将保险产品的特征转化为产品的益处，针对客户的具体需求，强调产品的相关利益，使客户对产品的特征产生深刻的印象，从而说服其购买。

合理简单的保险产品介绍能使客户在第一时间通过保险销售员的描述清楚地认识到保险的性质和特点，对保险产品有初步的认识，使其在险种和自己的需求之间正确作出判断。同时这也体现了保险销售员对客户负责任的态度，这种介绍方式更容易获得客户的信赖，更有利于其业务的拓展。

话术方式和策略

1. 突出产品的卖点与优势

客户：“你认为这款产品的哪一点能吸引我呢？”

保险销售员：“首先，从您选择保险投资理财产品，就能看出您是喜欢稳健型投资的人，因此，我们这款产品稳健的特点就是吸引您的原因之一。”

客户：“你分析得很好，正合我意。”

保险销售员要对客户发起攻势，就要对产品的卖点与优势进行强化。在强化产品优势时，保险销售员要保证自己所介绍的产品符合实际，不是胡乱编造的，同时要表现出应有的沉稳、自信和真诚的态度。

2. 弱化客户与现实不符的需求

客户："我觉得这款投资产品还是不符合我的需求。"

保险销售员："这款产品的特点已经充分验证了这就是专门为您定制的保险，非常符合您的要求。只要您每天节约30元，也就是您一餐饭钱，您就可以拥有一份50万元的保障。您看哪一种方式比较划算？"

专家建议

保险销售员要想抓住客户的购买动机，就要言简意赅，突出优势和卖点地介绍自己所推销的保险产品，让客户看到自己能从这款保险产品中获得的利益，这样才能让客户下定决心去购买。

聪明的客户不会因为保险销售员绘声绘色地描绘产品优势而忘记自己对产品的要求。针对这样的情况，保险销售员应该学会只提差价和贴近生活的比较来弱化客户对产品的异议。要达到这个目的，销售员要对自己销售的产品有信心，全面透彻地了解自己的产品，这样才能使你的产品推介词更有力地说服客户。

模板2 底气足才能让人信赖：我不敢保证……但我可以说这绝对是……

实战情景：

郭杰是一名优秀的保险推销员，他拥有非常优秀的口才，并且思维敏捷，善于洞悉客户的心理。因此，在他手上成交的保单数量非常多。一次，郭杰在一个小区展摆保险咨询点时，就有一位大妈前来咨询相关事宜。

大妈："小伙子，你这卖的保险都有哪些啊？"

郭杰："阿姨，您好。这是我们公司保险宣传的彩页，您看看。"

大妈："谢谢你，小伙子。"

郭杰："阿姨，别客气。您看这上边的两全理财保险。这一款保险的名称就说明了这款保险的功能，就是帮客户理财。'两全'则是指生、死两全。即客户在生前可以赚钱，当不幸身故时这笔钱可以留给后代。最后，'分红'就是指公司的经济效益好，那么就可以分给客户红利。阿姨，您明白了吗？"

大妈："小伙子，听你这么一说，这款保险还真好。我看了这上面写的，第一年的红利好像少了点。"

郭杰："阿姨，是这样的，这款分红保险的周年红利第一年是少了点，但是它的存在就能给大家一种信心，让大家相信红利会随着公司的发展壮大而越来越多。其实购买保险的人从公司获取的红利与公司的经营管理有着直接的关系，公司经营得好，那投保户获得的红利自然就多一点，这相对于一般企业需要员工投入资金两三年才有回报要好得多了。您现在看到的只是公司给出的最低保底值，但实际上，公司未来能赚到多少钱也没有人知道，而我坚信公司实际赚到的钱应该很可观。"

大妈："小伙子，我想知道为什么这款保险只赚不赔呢？"

郭杰："阿姨，我们这一款保险其实就像一张超级储蓄卡。只要您能投保，您就能拥有终身保障，并且每年以5%的速度递增，同时每三年固定取息一次。您说这样您会赔吗？同时这一款保险还具有保单借款及附加医疗保障等功能，这其实就是一个保障兼投资的综合险种。您看，这里有一份建议书，就是这一款保险的详细内容。您手上拿的这是简单的宣传册。您不妨看看关于这个分红险的计划书。我不敢说这款保险是完美的，但我确信它一定是符合您的需求的。"

大妈："好的，那我看看。"

保险销售话术360°全解：

信心是保险销售员成功推销出自己的产品的必备素质。在推销过程中，保险销售人员不仅要对自己有信心，还要对自己推销的产品有信心，这样才能打动客户的心，成功地销售出自己的产品。

保险销售员要对自己的产品有信心，首先就要在产品的推介上下工夫。好的产品推介词是产品成功销售的关键一步。保险销售员在推介产品的时候，要结合客户的需求突出强调产品的卖点，让产品的卖点和客户的需求相契合。同时要注意，在介绍产品的时候要遵守实事求是的原则，不能夸大事实，欺骗消费者。

话术方式和策略

1．产品介绍要实事求是

客户："这一款保险有什么优点？"

保险销售员："这一款保险的优点很多，首先它的保费很低，不会对您的经济生活造成任何压力；其次，它能给您全面的保障，又能帮您赚钱，满足您所有的需求，保证您买了之后可以放心。"

客户：（一款保险是万能保险？你把它说得太好了，我都怀疑这样的保险是否存在。）

保险销售员向客户推销产品的时候，要选择具有市场前景的产品进行推销，同时在介绍产品的时候要遵守实事求是的原则，根据客户的需求，将产品的真实情况呈现给客户，让客户充分地了解产品，让客户信赖你的介绍，从而下定决心购买产品。

2．以产品优势取胜

客户："怎么能保证稳定地获得收益呢？"

保险销售员："我给您举个例子吧。假如您在20年后退保，那么按照这份合约书的要求，您已经缴纳了18.2万元的保费，那么您这时候可以取回18.0677万元，而在您退保之前，按照合约，公司每三年给您返回5 000元，那么这20年您得到的公司返还款是210 677元，从这些数据上您就能看得出来是赚不是赔了吧？"

> **专家建议**
>
> 保险销售员不仅要对自己有信心，同时要对产品有信心，明确产品的优势以及利用公司的实力向客户证实产品的优势，就能成功地说服客户购买产品。

推销保险产品，最有底气的方式之一就是要让客户看到你所介绍的这款保险的优势，并且这个优势能够让客户看到利益所在，这样才能激发客户的购买欲望。

实战情景2：活用数据，更有说服力

模板1 算明得失：咱们可以这样算一下

实战情景：

余倩是一位会计师，她对保险的回报率没有信心，认为保险的回报不大，为此她迟迟没有下定决心购买保险。而保险销售员小尚得知余倩的情况之后，找到了一个能够解决余倩困惑的方法，那就是用余倩最擅长的数字计算来说服她。

小尚："余小姐，您是一个会计师，那么您对数字一定非常敏感了。"

余倩："是的，对于你们的这份保单，我认为回报太少了，不划算。我与其用这笔钱去买保险不如将它投到股市上或者拿去创业，这样我获得的收益要比投资保险要多得多。并且我身体很健康，我觉得我没必要那么着急买保险。你再容我多考虑一段时间，行吗？"

小尚："余小姐是个会计师，应该也有很强的时间观念吧。"

余倩："是的，我们这一行对数字都是'斤斤计较'的。"

小尚："对数字敏感是个好习惯，在这方面我还得向您学习啊。我们说个比喻，以一个圆圈代表一个人的收入，在您的这个收入圆圈里，决定您是否要买保险的只有两个因素，其中首要因素是你的爱心和责任感，其次是您为您的爱心和责任感而付出的5%的收入。当这两个因素全部确定的时候，你购买保险的意愿就很容易实现了。”

余倩：“为什么是拿出5%的收入？”

小尚：“因为保险不是投资，所以它的回报很低。假如您以投资的眼光去看待保险，我不建议您买保险。保险只是一种承担风险的保障，所以只需要您拿出5%的收入购买。假如您想通过投资获取更高的回报，那么您不妨将收入的95%用来购买股票、基金或者经商甚至消费。”

余倩：“没有任何人会利用那么大一笔钱来投资，人生总有点意外，所以人要留点资金防范危机。”

小尚：“余小姐，您说得很对。每个人的一生都不可能不会遇到任何风险。正如您刚才所说的，人要有保障，防范危机，没有保障的人生，即使拥有再多优厚的物质条件，也不能安心地享受。我这里有一个方案，能让您一生幸福地生活，您需要了解一下吗？”

余倩：“你说吧，我想听听。”

小尚：“我们假定您选择了一份保险，咱们可以这样算，这份保险的保额为80万元，每年缴纳保费为2万元，要交15年，也就是15年共交了30万元。同时根据公司的经营状况，公司每三年都会给购买该类型保险的客户分红，您身体那么健康，并且现在女性的寿命比男性要长一些，因此长寿自然没问题。要是那样，您活的时间越长，您获得的收益就越多。您看，这不用承担什么风险，又是一种稳保收益的获益方式，何乐而不为呢？”

余倩："只是拿出收入的5%，而且还是长期受益，收益也还可以。好的，你拿计划书给我看看。"

小尚："好的，我们一起来看看这份保险的计划书吧。"

保险销售话术360°全解：

保险销售员与其长篇大论地向客户讲述保险产品的优势，不如用简短的话语，通过计算利益得失的方式来向客户展示产品优势。数据展示法是最直观的解说方式，它能让客户一目了然。因此，保险销售员在推销保险产品的时候，可以针对不同的险种，利用每一险种的特定计算方法让客户直观地了解到自己的既得利益情况。

使用数据来说明保险产品的优势和卖点时，保险销售员要使自己所使用的数据更具有说服力。保险销售员要抓住客户对产品的获利情况提出质疑的有利时机，用精确的数据将利益获得情况介绍给客户。同时要注意，数据说明并不是任何时候都适用的，同时要知道利用数据说明要适可而止，不可滥用。

话术方式和策略

1. 用数据说话

客户："这一份保险的保额太少了。"

保险销售员："这款意外保险的保额是50万元，您要缴纳的保费是16.8万元，分10年交清，那您每年要交的保费就是1.68万元，您每个月要交的钱就是1 400元，也就是一天大概47元，而您在存入第一笔保费之后，您就有了一份50万元的意外保险。并且每年生病住院还可以报销5 000元。用16.8万元换取50万元的保障，您说值不值？”

客户对保险的保费有疑问的时候，保险销售员可以用拆分计算的方法，将保费细算到每一天的花费情况。当客户对保额产生质疑时，保险销售员则可以用保费和保额之间的差价来向客户作说明。简单的数据，让客户清楚自己是否能从一份保险中获得足够的保障，让客户迅速决定自己的选择。

2. 注意更新数据

客户：“你提供的这个数据是什么时候的呢？”

保险销售员：“是近两年大概数据，具体的我没整理好。”

客户：（近两年？你用这数据来骗谁呢。至少也得是前三个月的吧，那么陈旧的数据，我哪敢相信你说的。）

保险销售员在说服客户的时候，要使用精确的数据，保证数据来源的真实性和可靠性，这样才能获得客户的信赖。同时要及时更新数据，以最新的数据来吸引客户。切忌繁杂的数据，过于复杂的数据只会导致客户越看越糊涂。总之，数据很重要，但是数据的简明易懂更重要。

专家建议

数据分析法作为一种直观反映保险收益情况的保险产品推介方法，具有独特、简明、直观的特点。但是保险销售员在使用数据分析法介绍保险产品的时候需要及时更新数据，保证数据的真实性和客观性，这样才能让客户信赖你推荐的产品。

模板2 让权威机构为你服务：据××统计，我国每年……

实战情景：

保险销售员小勇：“水先生，您购买过意外伤害保险吗？”

客户水先生：“我很少外出，又不驾驶机动车，我没必要购买意外保险。”

小勇：“水先生，不知道您最近关注一组数据没有？前些日子我上网看到国家安监总局网站公布的消息，2011年全国共发生21.1万起道路交通伤亡事故，造成6.2万人直接或间接死亡，伤残人数是死亡人数的好几倍。您也知道，每年各种意外情况的发生，例如自然灾害或者暴力事件等的发生，无论是在经济上还是在精神上，都给人们带来了严重的创伤。前段时间，我去看了‘八一’建军节的展览。我发现那些经历过枪林弹雨的老军人总是喜欢回忆他们经历过的风雨和那些生死存亡的关键时刻。人们都说，一个男人假如一生没经历过风雨，那么这个男人很难长大，我相信水先生您一定经过令您难忘的危急时刻吧。”

水先生：“说起危急时刻，我的心还会‘咯噔’一下，那一幕又浮现了。那是好几年前，我们单位到西南的一个山区考察。西南地区山多而且高，没想到我们去的那个地区的路全都绕在山腰上，一路上我们称赞风景优美的同时也感到害怕。一路曲曲折折，突然有一段路很笔直，但是在前方300米处突然有一个接近90°的转弯，幸好司机在转弯之前就开始减速了，由于惯性，车子差点要摔出公路了。当时把我们吓得脸色苍白，幸好在路边有几棵树把车子给卡住了。”

小勇：“真是一场惊吓，幸好没事。”

水先生：“是啊，现在提起来我都还心有余悸。”

小勇：“这一切都过去了，那么为何您不做好防范工作呢？”

水先生：“我平时做好防范了。”

小勇：“水先生，您知道吗？目前我国发生意外伤害事故的概率是千分之三。很多意外情况的发生是我们无法左右的，也不是个人小心就能解决的，您说是吗？”

水先生：“是啊，风险无处不在。”

小勇：“因此，我们需要一份意外保险来保护自己。您看，从您的收入中提取一部分的金额来购买意外保险并不会影响您的生活质量，并且最重要的是它能保障因意外发生使人突然失去工作能力，失去经济来源的生活，通过意外伤害保险获得的理赔金来解决家庭经济的困难。您是一个非常有家庭责任感的人，是这样吧？”

水先生：“当然，听你这么一说，意外保险看来还非有不可了。”

保险销售话术360°全解：

保险销售员学会利用权威机构的数据进行说明并以此说服客户，这样才能使销售的说服力更强，也能增加其产品的可信度。保险销售员寻找的权威数据必须是官方公布的数据。

保险销售员在使用权威数据的时候，可以将数据转化为图表的形式，通过图表来展现数据，这样可以消除数据说明的枯燥感。同时形象生动的图形也能吸引客户的注意力，让客户怀着好奇心继续了解下去，这样更有利于产品的推介。

话术方式和策略

1. 选准权威机构

客户："我整天不出门，意外伤害与我无关。"

保险销售员："其实意外无处不在，我们平时只能做好防范工作减少意外的发生，您说是吧。我前两天刚看到一则消息，根据国家安监局发布的消息，每年因为在家中遭受意外事故的人数有××人，造成人身伤害和财产损失折合人民币××万元。"

保险销售员可以选择国家相关部门，例如食品、药品安全检测局、交通部、卫生部等权威机构，用这些民众信赖度高的部门公布的数据来说服客户。

2. 抓住客户的心理

客户："您的这款教育基金的保障好吗？"

保险销售员："您看，这是教育部最新发布的中小学教育经费的开支情况，和每一年我们市里的教育局公布的收费标准，我给您算一下，您看这数据是不是比他们公布的经费数目还多出300元，您说这保障度高吗？"

客户购买保险关注的是保险给自己带来的利益。因此，保险销售员可以利用险种获益的情况和权威机构公布的数据作为对比，让客户看到保险的获益情况高于官方数据，这样更容易激发客户的购买欲望。

专家建议

权威机构的数据会对客户产生非常重要的影响。保险销售员在介绍产品的时候，不妨运用权威机构对公司的认可或者是产品优于权威机构公布的相关标准来打动客户，让客户乐意购买你的产品。

实战情景3：站在对方的立场上作产品介绍

模板1 抓住客户的需求目标：我想这个才是最符合您需求的……

实战情景：

小黄是一家公司的高级白领，他对保险有一定的认识，具有较强的保险意识，并且他主动购买保险，但是他只愿意买定期保险而不愿意接受终身保险。针对小黄的这一情况，保险销售员小包和小黄进行了一次商谈。

小包："黄先生，得知您是个保险意识很强的人，我感到很高兴。”

小黄：“其实我对保险的看法很简单，和所有买保险的人一样，我购买保险只是为了得到保障，我想花最少的钱在我需要的时候得到全面的保障。我想我的看法应该没错吧？”

小包：“黄先生，您的想法我能理解，有这样的想法很正常，并且保险的保障功能就是其特征之一，所以您的看法没有错。我想问您一个问题，您认为什么样的保险才能够让您花最少的钱获得最全面的保障呢？”

小黄：“当然是定期保险。我认为定期保险优于储蓄保险、终身保险。那你是如何看待我这样的想法的呢？”

小包：“我们用一个半圆代表所有保单的类型，那么定期保险在半圆的一端，储蓄保险则在半圆的另一端。定期保险首先是有期限的，其次它没有现金价值，但是它容易吸引大家购买的原因在于它具有高保障低费用的特点。而储蓄保险就不同了，虽然它也是有期限的保险，但是它具有现金价值高、保费高、保障低的特点。假如一个人的时日不多了，我会劝他购买定期保险，假如一个人的身体健健康康的，那么我则建议他买储蓄保险。由于两种保险都有期限限制，因此，有可能出现需要保障时保险已过期，保障就无从谈起了。一个人是不是英年早逝或者是健康长寿都无法预知，您说是吧？”

小黄：“是啊，但是你如何判断保险是否适合一个人呢？”

小包：“其实最好的选择就是折中，即选择终身保险。为什么我会这样说呢？因为终身保险具有以下特点：第一，它的保费并不极端化，即不高也不低，而是合理适中的；第二，它的保障作用与储蓄保险不同，它能在发生意外的时候给客户提供足够的保障，这是储蓄保险无法做到的；第三，与定期保险不同，它不会在人的存活期内过期，因此不会造成无事发生浪费金钱的情况。终身保险会给您提供足够的保障，让您在平安无事的时候，能够连本带利地把钱退给您，让您付出的金钱没有白费。最重要的是它的期限是您生命的长度，能让您的一生享受到全方位的保障，这不正是您所需要的吗？我从来不怀疑您的专业精神，我相信您能够用平衡的思想和平稳的行为兼顾各方面利益。要做到这一点，一般都采用中庸之道，您同意这种说法吗？我相信，在您认清三种保险的特征之后，您最后会发现，终身保险才是最适合您的，您说是吧？”

小黄：“我同意你的说法，终身保障对于我来说的确很重要。”

小包：“您确实是一个对保险具有较多的专业认识的人，那么我们来具体看看终身保险的计划书，好吗？”

保险销售话术360°全解：

保险销售员向客户推销保险产品的关键是抓住客户的需求，而不是给客户推销超出客户经济能力承载范围的险种，或是价格低却无法满足客户需求的险种，这两种做法只会把你的客户更快地赶走。要想轻松拿下保单或者是让客户多签单，那就需要抓住客户的真正需求，就要抓住客户的购买心理，让客户感受到销售员的诚意，让客户结合自己的需求主动购买保险，甚至是帮助自己的家人购买保险，从而提高了客户签单的成功率。

话术方式和策略

把握客户的保险心理

客户："我还是觉得你给我提供的保险方案不适合我。"

保险销售员："其实这一份保单是针对您的具体财务情况设定的，是我给您和您家人提供的最好的建议，这其实也是最适合您的保单。其实您现在投保与否，与我没有任何关系，但是您晚年的生活质量，与您获得的保障程度有关。假如您购买了保险，一份设计得不合理的保险计划书可能会影响到您晚年的幸福生活。因为保险销售员设计的保险计划书可能会左右您的人生方向。因此，我相信您一定会作出最好的抉择，我会一直在这里，我希望有机会帮您规划终身保障。"

专家建议

客户是否购买保险，很大程度上取决于保险销售员是否能够正确挖掘出客户最迫切的需求，同时让客户更加确定自己的需求。这需要保险销售员掌握客户的保险心理，让客户对保险形成科学理性的认识，刺激客户的购买动机，给客户带来切实的保障。

保险销售员抓住客户需求的方式有很多种，抓住客户的保险心理就是其中之一。保险心理其实就是客户对保险的反应，这包括对保险的认知心理、情感趋向、决策心理等。例如对于同样的保险宣传，有的人很快就决定购买保险，而有的人却因此而产生排斥心理。虽然人们的心理不尽相同，但是其存在共性。因此，保险销售员应该把握住人们的保险心理规律，这有利于有效宣传保险，使人们对保险的认识更科学、更理性，这能够让我们迅速抓住客户的需求，诱发客户购买保险的动机，成功实现销售目标。

模板 2 打消客户的后顾之忧：这个您不用担心，针对这个问题，我们……

实战情景：

保险销售员小马：“布先生，您最近还好吧？”

客户布先生：“挺好的，我和老伴还能照顾自己，孩子在国外，好几年才回来看我们一次。”

小马：“人们都说养儿防老，但是孩子大了，要去创造自己的生活，有自己的家庭要照顾，所以有时候很少能照顾到自己的父母。并且现在的孩子都是独生子女，一般都是两个年轻人赡养四个老人，压力也挺大的。”

布先生：“是啊，孩子的生活也不容易。还好，我们都有养老金，这可以减轻孩子的负担。”

小马：“布先生，您最近听说人口老龄化的问题越来越严重这件事了吗？随着医疗水平和技术的提高，人的寿命也延长了，老龄人口越来越多。年轻人迫于生活压力，很多人都推迟了生育时间，因此新生儿的增长率还没有老龄人口高。”

布先生：“确实是这样，我们家孩子都结婚五六年了，都三十好几的人了，都还没打算生小孩。我们自己有了养老保险，也不用他们操心了。”

小马：“布先生，随着老年人口的激增，您在退休之后，养老金的金额只能给您提供最基础的保障，根本无法让您的晚年生活过得幸福。要解决这个问题，您和您的太太可以一起购买商业养老保险，这是对社保养老保险的补充，它能让您的晚年生活过得更幸福。也不会给您的孩子带来负担，而是为他们减轻负担，您觉得怎样？”

布先生：“我们俩也是普通的职员，工资没有多少，害怕交不起保费。”

小马：“布先生，这个问题您不用担心，我们公司最近推出了一款新型的老年保险，要是夫妻一起买的话更划算。这一种保险的缴费年限是10年，保险金额为10万元，每年缴纳16 800元，等您到60岁时，在前三年都是每年领取1万元，满三年之后的三年是每年领取1.06万元，再过三年，每年领取1.78万元，这是根据每三年0.6%递增的规律来领取的。身体越硬朗，您领取到的金额越多，也不会给您的孩子造成任何负担，而且还为他们消除了忧虑，您说是吧？”

布先生：“是啊，只要解除后顾之忧就行了。”

小马：“那您看这份保险合适吗？”

布先生：“嗯，很合适。我们现在就购买。”

保险销售话术360°全解：

客户最关心的是自己的保障是否全面，给客户提供一个全面的保障，是一个保险销售员在销售保险产品时应该考虑到的问题。保险销售员要把客户可能出现的疑虑放在心上，并找出对策解决客户的疑虑。

要了解客户的疑虑，则要让客户说出自己的真实想法，这就需要保险销售员在向客户说明推荐理由的时候，学会在每个推荐点上加一句话来确定客户对你提出的观点是否认同。当客户在对推荐的认同上有了明确的答案之后，客户会主动或不得不把自己的真实想法告诉保险销售员，这时保险销售员就可以针对客户真正的疑虑帮他解决问题。

话术方式和策略

1. 在推荐理由后加上征询意见

保险销售员：“您看，这一款健康险满足了您对健康的需求，生病住院都能报销，您觉得这款保险适合您吗？您还有什么不明白的地方不妨说出来，我想办法帮您解决。”

客户：“合适，就是我对具体的健康保障范围还有一个疑问。”

保险销售员在推销保险产品的时候，要顾及客户的感受，对自己推荐给客户的产品要及时从客户那里得到反馈意见，以了解客户的真实想法，然后以应对相同案例的解决方案来消除客户的疑虑。

2. 淡化客户无关紧要的利益

客户：“这种保险的保费太贵了，你能不能换个便宜的保险给我。”

保险销售员：“这个保险是针对您的需求制定的，假如我现在降低保费，给您换一份保障上打了折扣的保险，那不是对您不负责吗？假如您购买保费比这一款便宜的保险，那您将失去其中几项重要的保障，其实这款保险给您带来的总体利益是其他几份价格稍低的保险加起来也无法相比的。”

有时候客户所提出的一些需求是相对较高的，而且也是不实际的。针对这种情况，保险销售员不妨将话题转移到该款保险的整体利益上来，让客户从全局出发考虑问题，不要因为蝇头小利而放弃适合自己的保险产品。

专家建议

客户的疑虑是保险销售员说服客户签单的最后一道防线，保险销售员要在给客户推荐产品的时候通过征询客户的意见来发现客户的疑虑，进而找到解决办法，消除客户的疑虑，从而达成交易。

第四章

了解客户信息的话术：了解客户详细资料，巧妙挖掘客户需求

任何时代，任何领域，信息都是关键，保险销售人员更要掌握客户的信息，了解客户的详细资料，把握客户的经济状况，在和客户的谈话中了解客户的需求，这样才能在销售的过程中成功签单，获得更多的保单。

实战情景1：了解客户家庭信息，挖掘潜在消费人群

模板1 从环境中获取信息：哟，这个牌子的童鞋可是很棒，这是您儿子的吧

实战情景：

保险销售员小巧因为一次巧合，曾在路上帮助过汪太太，汪太太对小巧非常感激，为此她特意约小巧来到一家意式餐厅吃饭，小巧正好看到汪太太带着自家的孩子过来，作为销售人员的小巧马上开始关注她面前的这个小家伙。

小巧："汪太太，您家孩子长得真有灵气，大眼睛忽闪

忽闪的，一看就知道是个机灵鬼。”

汪太太：“你别看他现在这么安静，平时可淘气了。”

小巧：“哇，您家孩子的这款童鞋真漂亮，我在ABC童鞋专卖店看到过，这可是这个季节销售得最好的一款鞋子，深受小朋友和家长的喜爱。”

汪太太：“小巧啊，你的观察挺细致的。”

小巧：“汪太太，您过奖了。说真的，我挺羡慕现在的孩子的。您看，父母对他们无私地奉献，力所能及地给他们提供优越的物质生活条件，让他们拥有更多更好的玩具和衣服，他们都被父母的爱包围住了。汪太太，我想问您，您认为哪一种方式更能让他们感受到父母对他们的爱呢？”

汪太太：“我觉得是教育，因为教育能影响一个人的思想，对孩子的成长具有重大意义。”

小巧：“汪太太，正如您所说的，教育才是父母关爱孩子的一种最重要、最有意义的方式。但是现在孩子的教育经费涨幅很大，而且幼儿园的费用特别贵，前段时间报纸上还登出了‘天价幼儿园’，还有什么就读公立幼儿园要摇号这件事，您说现在的孩子上个学多难啊。”

汪太太：“可不是嘛，我们找了好几个人帮忙，才让我们家孩子进了公立幼儿园。”

小巧：“根据教育部统计资料，一个孩子从幼儿园到大学毕业，最少花费20万元，这还不包括素质教育的花费在内。社会学专家和教育专家也都说了，一个家庭为孩子支出的教育经费的年增长率为20%。您看这多吓人，其实我们更应该在经济宽裕的时候提前为孩子做好准备，您说是吗？”

汪太太："我也打算这么做。"

小巧："那您不妨考虑购买少儿险，作为孩子的家长，要给孩子提供最好的保护，让孩子感受到父母的关爱。家长为孩子购买少儿险，其实就是为了预防意外的发生，在家庭经济遭到严重损害的时候，给孩子提供一份长期的风险和财务保障。"

汪太太："你说得很对，那你给我详细介绍一下少儿险吧。"

小巧："好的。"

保险销售话术360°全解：

保险销售的技巧之一就是要抓住客户话语中所透露出来的信息，其中有一种方法能让销售员顺利获取信息，那就是从和客户谈话的环境中获取信息。例如从客户家中的家居摆设或工作环境的布置中发掘出与客户密切相关的信息，从而能够准确地判断客户的需求。

在本案例中，保险销售员通过观察客户孩子的穿着来赞美客户对孩子的关爱，并且将话题引到客户孩子身上，让孩子成为话题，以客户最关注的教育费用开支为切入点，运用利益分析法，成功地将少儿险的推销切入话题之中。

客户身边的环境影响客户观念和思想的形成。因此，保险销售员应该善于从环境中发掘客户的家庭信息，再经过多种方法询问，将话题引到客户家人身上。

话术方式和策略

1. 避免主观猜测

保险销售员小项看到客户张先生桌面上放着一张合影照，便根据合影照猜测照片中两人的关系。

小项：“赵先生，照片上长得楚楚动人的这位女士是您的太太吧。”

张先生：“不是，那是我的女儿。”

张先生：（你怎么胡乱猜测呢？）

保险销售员在初次和客户交谈、对客户缺乏了解时，不应根据从环境中获取的信息胡乱地猜测，否则猜错了很容易让客户感到尴尬。也就是说，虽然保险销售员需要从环境中发掘客户的家庭信息，但是挖掘信息时也要注意尺度和避免主观臆断，以免引起客户的反感。

> **专家建议**
>
> 客户的家庭信息是极其隐私的问题，保险销售员在从环境入手询问客户的家庭信息时，应该做好保密工作，不向第三方泄露客户的信息，同时不能从环境中进行主观猜测，而是要尊重事实，有计划地、一步步地询问客户的相关信息。

2. 穿插询问

保险销售员在询问客户的家庭信息时应该学会穿插询问，过于集中的询问会让客户感觉到是在被人盘问，因而容易产生抵触情绪，不愿向保险销售员透露信息。将问题化整为零地穿插于谈话的各环节中，这样更容易获取客户的信息，也更有利于双方的进一步沟通。

模板2 有意识地把谈话引向保险：那除了孩子，你们夫妻还有其他的亲人需要照顾吗

实战情景：

保险销售员小彭："温小姐，您去年跟我买的少儿险，您感觉怎样？您的孩子去年领到一笔教育基金了吧？"

客户温小姐："是啊，多亏你当时向我推荐了这款保险，我们才能在孩子受教育方面省下一笔钱。"

小彭："我想问您一个问题，除了您家孩子，你们夫妻俩是不是还要照顾老人呢？"

温小姐："双方的父母都要照顾，负担也挺大的，不过还好，老人都有社会保险，为我们减轻了负担。"

小彭："老人有社保是不错，但是您知道吗，其实最完善的个人养老保险是由三部分组成的，一是社会基本养老保险，也就是我们常说的社保；二是企业年金，即企业为员工养老所做的准备；三是个人养老资金，即商业养老保险、基金等。现在大部分人拥有的是社保，但是社保的养老保险不足以保障一个人晚年的生活。"

温小姐："何以见得？"

小彭："社保的养老保险只不过是对人晚年生活的最基本的保障，您也知道，老人随着年龄的增长，身体各项机能的运行都在下降，假如照顾得不好，那么很可能带来一些麻

烦。而商业养老保险能对社保进行补充，它作为一种长期性收益，具有稳定和风险较低的特点。它的长期性和稳定性是由其复利滚存计算收益的方法决定的，您储备时间越久，效果越佳，就像滚雪球一样。最主要的是这种保险操作简单，不需要您专门花费时间去打理，它还有一个好处就是专款专用，这样可以避免不确定地使用资金。并且这种商业保险可以缓解长寿带来的经济压力，人活得越久，能领取的养老金就越多。”

温小姐：“你分析得很好，但是我还是要仔细考虑一下。”

小彭：“您要考虑没问题，但是我想先跟您说一下商业养老保险的规律：商业养老保险属于寿险，和其他商业寿险一样，它的产品定价是由人口生命周期表决定的，它的费率是由精算师运用复杂的数据模型计算得到的，并且随着人类平均寿命的改变而不断做出调整。您知道，现在医疗水平和人们生活水平的提高使得人口的平均寿命也延长了，而保险公司也会根据人口平均寿命的改变，对费率进行调整。再说了，年纪越大投保要交的保费也越多，经济负担越大。您不如趁现在年轻就买了，这样每年交的保费也比您 10 年之后再买划算。您说是吧？”

温小姐：“嗯，那我还是现在买吧。”

小彭：“温小姐，您不愧是个理财高手，同时还是个非常孝顺的媳妇和女儿。那我们一起来看看这份商业养老保险吧。”

保险销售话术360°全解：

保险销售员在和客户谈话时，有时候不必一开始就谈保险，不妨从其他话题开始。在谈到话题的核心内容时，将保险切入话题之中，这样比一开始就和客户说保险的重要性效果要好，也更容易让客户接受保险销售人员的推销。

在本案例中，保险销售员以客户对保险的作用感受为谈论话题，之后又将话题切入到客户的家人情况。保险销售员通过询问客户的家庭负担，为客户缓解生活压力，让客户放心地和销售员话家常，让双方的交流处于一个缓和的状态中，再将保险引入话题。这就淡化了保险的功利性，又慢慢加强了客户的保险意识。

话术方式和策略

1.“曲线救国”法

这里所说的“曲线救国”指的是在刚开始谈话时，避而不谈保险，从其他话题切入，在谈话中分析客户所说的信息，从客户的话语信息中寻找出保险可以解决的问题。同时根据客户所说的信息，适时地将保险引入话题中，将保险的作用与客户所存在的困扰结合起来，让客户认识到保险的重要性。这样不会使客户一听到保险就想离去，而是让客户在困惑的时候发现保险的重要性，这对于加强客户保险意识有着不同寻常的作用。

2. 透露个人隐私法

透露个人隐私是指保险销售员在向客户销售保险时，为了获取客户的信赖，不妨向客户透露一些无关紧要的个人隐私，例如过去自己经历的一些事情，比如因为保险意识淡化而遭受损失等，这样较容易吸引客户兴趣，也更容易诱导客户说出自己的隐私，从客户口中获取想要的信息，进而将加强保险意识的话题融入其中。

专家建议

保险销售员在和客户谈话的过程中要积极发掘客户的话语信息中与保险有关联的话题，然后将话题与保险结合起来，这样更能强化客户的保险意识。

实战情景2：了解客户的经济状况，探知客户的购买力

模板1 专业分析客户的收支情况：我们来看看您家的收支图吧

实战情景：

保险销售员小段通过朋友介绍，认识了莫先生，知道莫先生打算为家人买份保险，小段马上主动找到莫先生，为其设计一份符合莫先生需求的保险。

小段："莫先生，您好。我听小邝说您正打算买保险，您应该不介意我这个专业人员为您分析具体情况吧？"

莫先生："正求之不得呢，这买保险也是有讲究的。像我们这样的小老百姓，可不能白花钱啊。"

小段："您说得没错，保险投资需要慎重。是这样的，要给您作出专业分析，我就必须知道您家庭的收支情况。"

莫先生："好吧。我和我妻子的收入不高，我一个月挣6 000元，我妻子一个月挣4 000元。"

小段："一般情况下，一个家庭日常基本开支的比重应该占这个家庭总收入的40%～50%，那您家的开支情况如何？"

莫先生："我们刚结婚两年，家庭的基本生活开支是一个月3 000元左右，然后还房贷1 200元，再加赡养老人2 000元。我们一个月大概花掉了6 200元。"

小段："那么一个月你们大概有3 800元左右的结余，那么这些钱你们是用来储蓄还是投资呢？"

莫先生："我们俩都不擅长投资，所以那点钱还是存银行了。"

小段："莫先生，我根据您说的情况，简单地绘出了您家的家庭收支情况图。您家38%的收入用于储蓄，日常开支占到了30%，偿还房贷12%，赡养老人20%。从这个柱状图中，我们可以看出您家的大部分收入是用于储蓄，其次是家庭日常开支和赡养老人。"

莫先生："确实，我们每个月剩下的钱都存起来了，以防万一。"

小段："您的这个习惯很好，很理智，但是我有一个更好的方法能够帮你们更有效地防范风险。这就是你们每个月拿出800元，平均下来就是每天27元。用这笔钱来购买一份保险，在您缴纳第一笔保费之后，您就可以拥有50万元的保障。并且在15年期满之后，您每年还可以领到3万元，您看这又为您晚年的生活做好了规划，多划算啊。”

莫先生：“那好的，我仔细看看。”

小段：“好的，您要是有什么不明白的，可以问我。”

保险销售话术360°全解：

客户对保险的购买能力是由个人经济状况决定的。因此，保险销售员要了解客户的保险需求，设计出符合客户的保险计划书，就必须对客户的收支情况有一个细致的了解。

但是，家庭收支情况是客户比较隐私的问题，因此保险销售员在询问客户收支情况的时候，要尽量委婉，同时做好信息保密工作。在分析客户收支情况的时候要做到公正客观，要站在客户的立场上考虑问题，让客户真正感受到保险的保障作用。

话术方式和策略

1. 认真留心统计数据

客户：“我们家的月收入是9 000元，一个月的开支是，家庭日常花销3 000元，孩子的教育开销800元，还房贷1 200元。剩下的没多少了。”

保险销售员：“对不起，您再说一遍好吗？您的开支情况我没记好。”

客户：（你是不是第一天卖保险的，怎么这么不专业。）

保险销售员在记录客户收支情况的时候一定要认真、集中精力，以免遗忘记录，或是记录错误，尤其是数据的记录。如果保险销售员在客户面前重复地请求客户复述，那么这会让客户对销售员的专业程度产生质疑，因此，认真倾听、抓住要点、细心记录是关键。

专家建议

客户的收支情况是其隐私问题，保险销售员在获得客户同意的情况下，得知客户的收支情况后要对其进行客观的分析和评判，并针对客户的情况给出客观的建议。

2. 分析数据要委婉

保险销售员："您看，您家的收支情况分布得太不均匀了，怎么差距那么大呢？为什么不调整一下呢？"

客户：（要是分布科学的话，我还来找你帮我分析？）

保险销售员在给客户分析家庭收支情况的时候，虽然要秉持公正客观的态度去判断，但是也不可轻易武断地否定客户的收支方式，应在发现客户的收支存在问题时，委婉地提出来，这样让客户在心理上才易于接受。

模板2 客观分析，指出缺陷与隐患：通过刚才的分析，我们不难看出……

实战情景：

保险销售员小李："苏先生，听说您是一个保险意识很强的人，您已经给您的车子和房子买了保险。"

客户苏先生："是的，我已经买了车险、房屋险了，这些已经足够了。”

小李：“除了给车子和房子购买保险之外，您还给自己买过什么保险吗？”

苏先生：“没有买。”

小李：“苏先生，您是个具有长远眼光的人，您为您的车子和房子买了保险，但是还有一点缺陷。”

苏先生：“哦，是吗？那你给我说说有什么缺陷呢？”

小李：“苏先生，我们先来看看您的收入和支出分析图，您看，您作为一个企业高管，收入很优厚，每个月的生活开支也不大，还有您孝敬父母的费用加上各种险种的支付，一个月还有6 000多元的结余，您把这些钱一部分投到了期货股票上，还剩下一小部分。那您有没有想过为您自己买一份保险呢？股票和期货的收益比保险高，但是风险也高，因此，您不妨改变一下自己的投资策略，购买一份适合自己的保险，每个月拿出750元，就可以拥有50万元的保额了。”

苏先生：“我不明白为什么我还要给自己买一份保险，我给我的房子和车子都买保险了，假如发生意外，我也可以获得赔付，再说了，公司买的基本保险已经足够了。”

小李：“苏先生，您介不介意我说一下我个人的看法呢？”

苏先生：“你说吧。”

小李：“苏先生，您是一个中高收入阶层的人，您现在还没成家，像您这样年轻有为的人应该为自己的未来做好打算，假如您成家了，您需要给您的家人一个完善的保障。一个人到中年之后，随着年龄的不断增长，各方面的能力逐渐下降。假如您没有给您的家人一份完善的保障，那么您的家人就会因为各种原因而得不到保护，您应该为他们着想一下。社会保险和商业保险并不冲突，商业保险能弥补社会保险的不足，您与其用大半部分的结余资金去投资股票，不如投资保险，保险不仅让您获得收益，而且还能给您提供多方面的保障，您觉得这个方法适合您吗？”

苏先生：“谁不喜欢获取更多的利益。”

小李：“那您赶紧趁着自己有足够的经济实力，还年轻的时候提前为您现在的家和未来的家建立一份完善的保障计划吧。”

苏先生：“那您根据我的情况，给我说说我适合什么样的险种？”

……

保险销售话术360°全解：

客户的购买力决定其对保险产品的选择，而客户的购买力又是由客户的经济状况决定的。因此，保险销售员应该对客户的经济状况作出正确、客观的评价。除此之外，还要对客户已经购买的保险险种与其经济收入情况相比较，分析其存在的缺陷和不足。

要想分析出客户已购买的保险和他的经济收入之间存在的差距，就要在分析客户的经济收入时，抓住客户收入支出中最不均衡的因素，这是客户在投资与收益中存在的最大缺陷。销售员针对这一点进行分析，并提出自己的意见，这样更容易获得客户的信赖，使得客户更容易接受保险销售员的建议。

话术方式和策略

家庭经济的收入和支出是客户的隐私问题，保险销售员在分析客户的经济情况时，应该做好保密工作，同时通过类似的案例客观地分析客户的收支情况。在分析时，要让客户意识到缺陷和漏洞有可能会给其带来的风险，强化客户的忧患意识，让客户积极寻求保险销售员的帮助，进而加深对保险的了解。

1．以专业说服客户

客户："为什么你说我的收入和支出存在缺陷呢？"

保险销售员："根据我们的专业分析，一个家庭的总支出应该占收入比重的40%～50%，而一个家庭的结余应当达到收入的25%以上。而您家里的结余量远远高出这个比例，并且您的家人也没有得到任何保障，所以您应该考虑为您的家人提供一份完善的保障，而这份保障又不会对您家庭结余资金的积累产生任何负面影响。我觉得这样更能体现您对您家人的关爱。"

当前社会上还有很多保险意识不强甚至对保险有错误理解的人，他们认为保险没有多大的用处，只是出了事故才能获得理赔，从某种意义上说，保险对于他们来说并不吉利。正是因为这种错误的思想意识指导着他们，使他们在遭受意外的时候生活失去了保障，无法获得很好的照顾和补偿。因此，保险销售员应该用专业的保险知识和保险精神去帮助社会中保险意识较弱的人群，让更多的人选择保险来保障自己的生活。

2．采用直观分析法

客户："这些缺陷有什么影响吗？"

保险销售员："您看这个柱状图，可以将您的收支情况很直观地表现出来，从中我们可以看到收支情况的分布有不足之处，而这些不足之处很可能会导致您在今后遇到风险时由于没有做好防范措施而遭受严重的损失，假如您通过其他方式弥补这些缺陷，那么这个损失就可以降低到最低点。"

专家建议

保险销售员要通过分析客户经济情况的优劣去说服客户，就要提高自己的专业知识水平和自我操作能力，这样在抓住客户需求的时候，才能够用专业知识给客户提出建议，使得说服的语言更有力度。

分析客户的经济状况时，为了便于客户理解，最直观的方式是通过数据统计和图形分析法来表现。保险销售员在和客户面谈的时候，可以将客户的收支情况分布用最简单的柱状图或是饼形图描绘出来，客观、专业地分析其分布特点及存在的缺陷，然后用专业知识去说服客户购买保险。

实战情景3：了解客户保险计划，适时提出自己的建议

模板1 赞美永不过时：这么有名气的公司待遇一定很好，您应该有社会保险吧

实战情景：

保险销售员小韩："岳先生，很高兴能和您见面，很羡慕您能在世界五百强企业工作，这样的企业里福利和待遇都让外面的人羡慕不已，公司自然给你们买了社会保险了吧？"

客户岳先生："是的，现在很多单位都帮职工购买了社

会保险，我们公司也给我们购买了。”

小韩：“除了国家和企业帮你们交了一部分之外，你们个人每个月还要自己承担多少的费用呢？”

岳先生：“算起来有一千多元。”

小韩：“那除了社会保险之外，您公司还有没有特意为职工购买其他商业保险呢？”

岳先生：“我相信这个很多公司都没有吧，我们公司也不例外。”

小韩：“岳先生，我想说一下我的一个观点可以吗？”

岳先生：“可以，你说吧。”

小韩：“在我看来，人的一辈子可能会从事很多工作。就像您，假如将来您有了更好的发展机会，或是想自己创业经商，或是因为公司的人事变动而离开，那么公司给您提供的这些保障也会发生变动。面对这样的情况，您肯定需要一份控制权掌握在自己手上的、真正可靠的保障，这样无论走到哪，保障都会跟您走到哪，您说是吧？”

岳先生：“你说得很对。”

小韩：“那请问您是否曾经考虑过为自己找一份真正可靠的保障呢？”

岳先生：“这个我倒真的没有想过。”

小韩：“那您能告诉我为什么您没有制订自己的保险计划呢？”

岳先生：“这……”

小韩：“在我从事保险工作之前，我和您一样，也没有仔细想过这个问题。我们都认为有社会保险所给予的保障就足够了，我们根本不需要商业保险。”

岳先生：“嗯，是的。”

小韩："岳先生，我刚才发现您停在门口的那辆路虎极光，非常有气势，我相信您一定为您的爱车买保险了吧。"

岳先生："是的。"

小韩："像您这样，30岁就做到了大公司高管的职位，我相信您本身的价值比您的同龄人大，比您的爱车要高得多了。既然您的爱车都需要保险了，那么您是不是该为自己考虑考虑，也给自己买一份保险？假如您现在还没有决定好，那么我们不妨来分析您有没有这个必要为自己买保险。"

岳先生："好的，我倒是有兴趣听听你的分析。"

……

保险销售话术360°全解：

赞美的话容易使人心情愉悦，保险销售员在和客户初次见面时，适当地赞美客户是必要的。在本案例中，保险销售员通过对客户工作能力的赞美，让客户心情愉悦，在这样的条件下和客户谈保障问题，进而切入到保险的话题，才不会让客户感到突兀和反感。

保险销售员要以具体明确的事物去赞美客户，调整好客户的心情，谈论客户关心的事，成功切入保险的益处说服客户，让客户学会积极地为自己制订保险计划。这就需要保险销售员说一些客户喜欢听的话，然后让客户愿意说出他们的需求，保险销售员再努力从中挖掘出其最主要、最紧迫的需求，同时发现客户保障计划中存在的空缺，并针对这个空缺为客户制订相应的保险计划，这样才能更加有力地说服客户选择保险。

话术方式和策略

1．发掘客户信息遇到“冷场”要及时打圆场

保险销售员：“××女士，您能告诉我为什么您没有为自己拟一份保险计划吗？”

客户：“这个……”

保险销售员：“难道是因为什么原因使得您不方便跟我说吗？”

客户：……

保险销售员：“那您是觉得没必要，还是因为您对这方面不了解呢？”

客户：“是我不了解，行了吗？”

保险销售员有时候在获取客户的信息或是保险计划的时候会遇到“冷场”的状况，例如对有些提问，客户在短时间内没有想到怎么回答或者是不愿意回答，这就容易使谈话陷入僵局。这时候，保险销售员要学会打圆场，不要继续追问或者凭借主观意念去猜测客户的想法，否则会使客户感到尴尬甚至是厌烦而无法继续交谈。

面对“冷场”，保险销售员要学会及时转换话题，将话题及时转换到客户感兴趣的事上，再在合适的时候将话题转到保险上来。

2．赞美客户在意的人和物

保险销售员：“××小姐，您的这只泰迪长得真可爱。

要是您出差了，谁帮您照顾呢？”

客户：“您过奖了。要是出差了，交给他人我怕照顾不好它。”

保险销售员：“其实您的家人也一样需要您如此照顾的。您想过给您的家人一份全面的保障吗？”

保险销售员与准客户谈保险有一定的难度，这就需要保险人员想办法让客户开口说话。要使客户主动开口说话，保险销售员不妨从客户最在意的人和物入手，赞美客户，并从客户话语中寻找到信息，使客户愿意加入积极的交流之中，使客户愿意听保险销售员谈保险，甚至主动向其请教保险的相关事宜。这就要求保险销售人员应“有心”地选择客户感兴趣的话题谈论，从中切入保险。

专家建议

赞美永远是最有感染力的语言，保险销售员要从客户的语言信息中获取有关客户个人的保险计划内容，就要学会用你的语言去赞美你的客户，将保险计划嵌入与客户的谈话之中。

客户在意的人和物是打开客户需求的一个重要突破口，要知道客户最在意的人和物就要全面掌握客户的资料，同时在和客户谈话的过程中细心观察并发现其中的契机，巧妙地将“保险”融入话题中，让话题为保险服务。

模板2 从客户最得意的话题切入：您的车真棒，不知道您有没有为爱车买份保险呢

实战情景：

梁超最近刚拿到驾照，同时也买了一辆车，顺利地成为

了有车一族，但是买车之后面临的就是车险问题，除了一定要买的交强险之外，第三者责任保险、车辆损失险、全车盗抢险、车上人员责任险等商业保险是否要买也让梁超感到非常头疼。朋友都劝导梁超赶紧多买一点保险，这样能给新手的他提供更多保障。作为一个新手，如何合理投保是梁超最关心的问题。而这时梁超的好友，乔卓给他介绍了保险销售员小魏，让小魏帮助梁超解决问题。

小魏："梁先生，您好，外面那辆雷克萨斯是您的吧。真漂亮，这一款车我也非常喜欢，性能特别棒。"

梁超："车是买了，高兴和痛苦同时到来啊。"

小魏："梁先生，您是不是最近在为车险的事情烦恼呢？"

梁超："是啊，我是一个新手，车也是刚买的，'双新'上路，我还是有点害怕的，朋友都说，害怕就买保险，但是我是一个外行人，根本不知道买什么保险。听乔哥说你给他制订的车险计划非常适合他，所以我想让你帮我设计一款适合我的车险。"

小魏："谢谢您对我的信任。梁先生，您的车是新买的，我建议您把第三者责任险、车辆损失险、车上人员责任险等基本险种都入齐全了。您的这款车大概价值45万元，您平时停车的地方安全系数高吗？您可以根据您停车的地点和时段综合考虑是否购买车辆盗窃险。"

梁超："有必要买那么多保险吗？"

小魏："其实买车险时不能太省钱，也不要乱花钱买不必要的保险。我要告诉您的一点是，汽车保险费有固定的费率，交费额度取决于汽车自身保险额的高低，要做到足额投保是最明智的。例如您的车是45万元，而您选择20万元的保险额，万一发生事故，您的汽车受损了，那您所得到的赔偿还不够您修车的。但是假如投保的车是旧车，价值7万元，车主却投了20万元的保额，想要在车辆出事的时候，多捞点赔偿金，这也是不可能的。其实他们不知道，保险公司确定赔偿金额的标准是按照汽车出险时的实际损失来衡量的。即使投双份保险也不能获得双份赔偿，所以多投几家保险公司的车险也不能获得多份保障。”

梁超：“我之前有过这样的打算，幸好你提醒了我，要不到时候要花冤枉钱了。”

小魏：“我还要告诉您一个窍门，是关于索赔的。假如您的车仅是因为受到一点点小刮擦，这去修理厂修车也花不了多少钱，那么我建议您自己花钱修车，这并不是损害您的索赔权利，是这样的，保险条款规定，第一年不出险的车辆在第二年续保时可以获得保险公司10%的投保优惠。所以我觉得要是修理费不高的话，其实完全可以自己承担，这样比找保险公司划算多了，又为您第二年的保单节约了一笔钱。您说是吗？”

梁超：“确实，一点点小刮擦，自己掏钱，在第二年的时候保费少交的钱比这要多得多了。”

小魏：“那您考虑好为您的爱车买哪些保险了吗？”

梁超：“我觉得购买交强险和其他另外两种车险就足够了。”

小魏：“根据您‘双新’的特点，我给您设计了第三者责任险和车辆损失险这两种险种，您觉得怎样？”

梁超：“不错，挺符合我要求的。”

保险销售话术360°全解：

一个好的保险销售员之所以能将保险产品成功地销售出去，是因为他时刻都能够抓住客户的需求，并能根据客户的需求设计出适合客户的保险产品，让客户感到满意，因而愿意购买他销售的保险产品。案例中，保险销售员通过赞美客户刚买的汽车，引出客户对汽车保障的忧虑，保险销售员抓住客户的这一特点给客户提出保险计划，满足了客户的保障需求，促成了交易。

抓住客户的需求，从客户最值得骄傲的话题入手赞美客户，让客户的虚荣心得到满足，进而转移到客户关注的话题上来，这样保险的签单率才会更高。

话术方式和策略

1. 从客户得意的话题分析客户的需求

保险销售员："暮先生，您手上戴的这款瑞士表将您儒雅的气质很好地展现出来了，这一款手表和您搭配起来简直就是完美之作。从您的衣着上看，就知道您是一个追求完美的人，那您肯定也希望有一份完美的保险计划书给您提供全方位完善的保障，是吧？"

客户："我确实有这个打算，我一直在寻找。"

保险销售员："原来是这样，那请您看看我为您制订的这份保险计划书吧。"

客户："好的。"

客户最得意的话题中有客户最担心的事情，这是保险销售员发掘客户需求的最好方式。正如本案例中保险销售员从客户的衣着方面入手赞美客户，挖掘出客户的需求，给客户设计了最合适的保险计划，成功地完成了销售目标。保险销售员要准确定位客户的需求，就要从客户最得意、最独特的话题入手，获得客户的信赖，顺利实现签单目标。

专家建议

客户真正需要的产品才是保险销售员销售的关键，而要掌握客户的真正需求，需要保险销售员了解客户的保险计划，获得客户的理解与信任，这样才能进一步去挖掘客户的信息。

2. 积极引导

在赞美客户的时候，假如客户不愿意回答保险销售员提出的问题，那么保险销售员要及时打圆场，不再追问客户。保险销售员要将话题转到客户感兴趣的话题上，让客户畅所欲言，同时还要认真倾听，给客户积极的回应，让客户处于放松的状态，然后慢慢将话题回归到客户关心的事情上，积极引导客户说出自己的需求，让保险销售员有机会进一步推销保险计划。

实战情景4：了解客户的保险需求，促进成交

模板1 引导客户发现自己的需求：如果这种情况发生了，您想怎么解决呢

实战情景：

保险销售员小杜："郭小姐，您方便告诉我，您一天的支出费用是多少吗？包括交通费、伙食费等。"

客户郭小姐："大概也就70块吧。"

小杜："那您方便告诉我，您的钱包里大概有多少钱吗？我猜肯定比您每日的开支要多吧。"

郭小姐："谁的钱包里不多放点钱以防万一呢？"

小杜："确实有的人喜欢在钱包里多放点钱，以备不时之需，这样感觉心里踏实些。有这种行为的人都是保险意识比较强的人，时刻都为自己准备好应急措施。像您这样的人，应该有很强的保险意识。您做好防范工作了吧？"

郭小姐："这个……"

小杜："那您给您的孩子、另外一半甚至父母准备好'万一'的钱了吗？生活中充满惊喜，也充满意外，很多事情没有发生在我们身上的时候，那个发生概率就是0，当它发生在我们身上时，这就变成了100%。我的一个朋友，一星期前还和我们一起吃饭，可是就在两天前，她们家的电路漏电了，结果把整个房子都烧了，什么都没有了，她没有买任何保险，最后还得自己掏钱处理这事，哎，多可怜啊。"

郭小姐："嗯，真可怜。生活中总会出现一些让我们措手不及的意外。"

小杜："是的，那郭小姐有没有想过要是这种情况发生在您的身上，您怎么解决？"

郭小姐："只能在平时的时候加强自己的安全意识，要是真的发生了，我只希望我的家人好好的。"

小杜："其实您是一个保险意识特别强的人，那么您是否想过购买保险，这样在'万一'发生的时候，您的家人和财产都会得到更全面的保障。"

郭小姐："嗯，你说得有些道理，那你帮我设计一款适合我的保险吧。"

小杜："好的。"

保险销售话术360°全解：

保险销售的目的就是给客户推销最适合他的保险，最适合客户的保险就是能够满足客户最迫切需求的保障。要促成交易，就要发掘客户最迫切的需求，这就需要保险销售员积极发挥自己的主观能动性去引导客户说出自己的需求，深入了解客户的经济状况，这有利于正确把握客户的需求，尽量使用生动化、多样化的语言，这样才能充分吸引客户的注意力和兴趣。

客户家庭的近期和长期保障是保险销售员引导客户发现自己保险需求的第一步，保险销售员要通过同客户的沟通，掌握客户的需求，并进一步梳理各项保险计划，同时细化、精确到具体的保额数目，这样能够让客户更加明确自己所要承担的责任和负担，同时对客户最基本的保障形成清晰的认识。

话术方式和策略

1. 了解客户的收支状况

保险销售员："如果我知道您的收入和支出情况，这将更有利于我为您制订更加翔实的保险计划。"

客户："这个……"

保险销售员："您放心吧，我们对客户的资料和信息都实行保密管理，所以除了保险公司和业务员知道之外，我们不会将您的信息透露给任何人。"

客户："我们家的月收入是××元，生活开支，包括生活费用、房贷、赡养老人等一共花去××元，剩下××元储蓄。"

保险销售员要让客户了解自己的需求信息，首先就要知道客户的收支情况，通过分析客户的收支情况，让客户发现其存在的缺陷，并告诉这一缺陷不及时补救有可能对客户造成怎样的影响，使客户感到事情的严重性，从而让客户发现自己的需求。

2. 找到"症结"，引导客户需求

保险销售员："您有没有想过，假如在未来的某一天，因为世界经济危机，您的老板决定让全公司的员工减薪30%，那么您家人的生活情况将会怎样？或是出于公司利益考虑，老板决定裁掉一半的员工，而您又不幸地名列其中，那么您怎么办？失去工作的您用什么来保障家人的生活呢？"

客户："这个……我确实没有考虑得那么详细。我想寻求一份保障全家生活的保险却不知道应该怎么去做。"

保险就是为了给客户解决风险而存在的，只有先找到客户的"症结"才能制订出相应的方案。因此，保险销售员要通过提问，让客户知道，没有保险会让客户在遇到意外情况时失去基本生活保障，会让其生

专家建议

客户的潜在需求需要保险销售员通过交流去挖掘。保险销售员需要通过信息交流，发现客户的需求信息，拉大客户生活现状与需求之间的差距，使得客户感到忧患，从而主动向保险销售员咨询相关保险事宜。

活变得更加困顿，让客户产生忧患意识，使得客户主动向保险销售员寻求解决方案，这也是给保险销售员一个推销保险的机会。

模板2 确认客户对保险的认知程度：现在您觉得保险有没有用处呢

实战情景：

客户肖先生："保险真的像你们说的那么好吗？我不信。"

保险销售员小冯："肖先生，一个产品的好坏，只有使用过的人才知道，您说是吧？而人生就像一辆豪华轿车，车子长时间行驶，难免会有耗损，人的身体也是一样。当人发育完整之后，随着年龄的增长，工作压力的增强，很多人的身体就出了毛病。车子出现故障，我们会第一时间想到排除故障，就像身体有毛病就得及时医治一样，要是没有得到及时治疗的话，很可能会使病情恶化，后果将不堪设想。"

肖先生："那这跟保险有什么关系呢？"

小冯："当然有关系，保险可以帮您承担风险。您想啊，假如生病住院了，之前已经购买了保险的人可以按照保险合同报销相应的医疗费用。这不就是在帮您抵御风险吗？肖先生，问您一个问题，您一般通过什么方式进行投资理财呢？"

肖先生："买些股票、基金，还有就是存银行。"

小冯："跟保险相比，股票和基金风险较高，而储蓄得到的利润较低。其实您可以使用投资保险的方法去转嫁风险，而且保险的费用也比其他投资要低，您存入保险公司的保费也是您自己的，同时您存入的钱还能以复利的形式增长。”

肖先生：“这么说，保险还挺赚钱的。”

小冯：“保险不仅能赚钱，而且还能为您解除后顾之忧，在意外来临的时候，给您带来一份保障，让您能正面抗击风险。同时保险能让您养成良好的储蓄习惯，因为它分期付款的费用少，并且有保险合同的约束，使得您不敢轻易退保。在现代社会，一个拥有睿智的眼光和头脑的人，一般也拥有较强的保险意识，对风险的防范意识也很强。一个拥有强大的应对风险能力的人，会有一个安稳的家庭，会给人带来信任，让人感受到笃定、责任和远见。肖先生，听我说完这些，您觉得保险对您来说重要吗?”

肖先生：“我承认我以前对保险有偏见和误解。今天听你说了这些，我觉得我有必要对保险作全面的了解，只有对保险有了了解，才能提高认识，提高自己对保险的认知度。即使不购买，也要有保险意识。”

保险销售话术360°全解：

保险公司为了适应市场的需求，将保险的意义以及险种介绍给客户，提升客户对保险的认识，挖掘客户的需求，不断推出收益比银行存款还高，兼容储蓄、保险、分红等的产品。销售员要让客户对保险有一个正确的认识，在和客户谈话的过程中发现客户的保险需求。同时根据客户对保险的认知度和需求给客户定位，给客户提出购买建议并抓住客户的需求意愿进行说服，这样更容易促成签单。

话术方式和策略

1．简单介绍险种，让客户作出选择

客户：“保险那么多种，选哪一种好呢？”

保险销售员：“那么您想买哪一种呢？我简单跟您说吧。保险主要有意外伤害险、健康险、事故保障险和分红险等。意外伤害险就是用来防范意外发生的，即在意外状况发生时，化解意外风险，给您带来保障。假如是寻求身体健康的保障，则可以选择健康险。假如是担心自己离去之后家人的生活无保障，则可以选择意外身亡险。假如是想理财的话，那么分红险是最佳选择。您看您选择哪一种保险呢？”

很多客户对保险的认识程度有限，是因为他们对保险知识一知半解。而要解决这种情况，就需要保险销售员简单地向客户介绍险种，从而引起客户的了解欲望，客户会根据自己的情况向保险销售员进行具体的咨询，这也是客户向保险销售员透露个人保险需求的一种形式。

2．提问法

保险销售员：“不好意思，刘先生，我想知道您是属于哪个年龄层的？”

客户：“我今年36岁，上有老下有小，家庭的保障对于我来说特别重要。”

保险销售员：“处于您这一年龄段的人，在工作上基本上定型了，而且有明确的人生方向，家庭美满，事业处于上升期，是运用智慧大于体力的阶段，因此保险对您来说，是保障引领一切，您对未来充满希望，其实一份具有储蓄功能的保险计划更适合您。”

专家建议

客户对保险的认知程度决定其保险意识的强弱，也影响着保险销售员的销售情况。要想对客户的保险认知程度进行定位，就要了解客户的需求，因人而异，正确定位，这样更容易促成交易。

保险销售员应该对客户进行分类，针对不同年龄层的客户提出不同的建议，因为人在不同时期的生活目标不尽相同。销售员可以运用提问法从客户的话语中得到有用信息，这样才能够根据客户对保险的需求进行定位，制订出符合客户需要的保险计划。

第五章

提问的话术：高效提问，在提问中获取更多的信息

提问是一门艺术，保险销售员只有问得巧才能得到自己想要的答案。高效提问法是一个优秀保险销售员必备的一项口才技能，恰当的提问时机，巧妙的提问方法和策略就是你快速签单的“撒手锏”。

实战情景1：提问要选好时机

模板1 沟通气氛较好再提问：您看，刚才我们已经达成了共识，那我能不能问一下……

实战情景：

保险销售员小范和刚从国外回来的小陶约好了见面的时间，当小范来到小陶所在的公司时，电话声此起彼伏，小范敲开了小陶办公室的门。

小范：“小陶，您好，我是小范，今天终于有机会见面了，在您这里方便谈话吗？要不咱们到楼下的咖啡厅去谈

谈吧。”

小陶：“正好我想休息一会儿，那咱就到楼下的咖啡厅谈谈。”

小范：“好的。”

小陶：“这家咖啡厅的卡布奇诺不错，我建议你尝尝。”

小范：“好的，我想问一下，您是不是喜欢喝卡布奇诺？”

小陶：“是的，我喝咖啡不是摩卡就是卡布奇诺。”

小范：“哈哈，在这点上咱俩达成共识了，志趣相投啊。”

小陶：“确实，真巧。”

小范：“您看，既然咱们已经在品位上达成共识了，那我能问您一个问题吗？”

小陶：“你说吧。”

小范：“小陶，您在国外生活了那么久，我想向您请教一个问题：在国外，大家的保险意识是不是特别强？”

小陶：“是啊，国外的人都会很主动地购买商业保险。”

小范：“那您认为在国内，什么样的人才需要人寿保险呢？”

小陶：“那还用说，肯定是仅靠收入维持生计的人啦。”

小范：“您也是靠收入维持生活吧？”

小陶：“我工作并不是因为我缺钱而无法维持生计，我要是需要用钱的话，我可以随时向我的父母开口，我要多少他们都愿意给。”

小范：“既然您的家世背景这么好，我不知道您为什么还出来工作呢?”

小陶:“我父母的钱是我父母的,我不是寄生虫,我自己挣钱自己花才舒服。”

小范:“您是一个非常有个性、独立、活得很有尊严的职场白领,我说得没错吧?您有没有想过,假如突然发生了什么事情,您无法工作了,那您该怎么办?”

小陶:“假如真的发生了什么,还有我的父母照顾我,这点我不用担心。”

小范:“但是您是一个独立的女孩,我想您大概不想让您成为您父母一辈子的负担吧?”

小陶:“说心里话,谁愿意给自己的父母增加负担呢?我们出来工作了,应该是我们照顾父母才对,我相信你也是这么想的吧。”

小范:“是的,我也不愿意让父母一直为自己操劳。我已经为自己买了商业保险,而且正在努力攒钱为父母买一份。其实您也可以的。”

小陶:“你说得没错,但是我一直对商业保险没信心。”

小范:“没关系,我愿意与您分享我的购买经历,假如您有兴趣的话。咱们俩存在那么多共同的兴趣,我相信在这一点上我们也一样。”

小陶:“好吧,我听听你的购买经历。”

保险销售话术360°全解：

在保险销售过程中，保险销售员学会抓住时机对客户进行提问非常关键。这是保险销售员挖掘出客户真正需求的一个途径。提问不是胡乱地问，而是抓住时机问话。如何抓住时机问话，这就需要保险销售员营造出良好的谈话氛围。其实这很简单，只需要保险销售员在沟通前做好各项准备工作，其中就包括保险沟通环境的选择。保险沟通环境指的是销售员与客户之间就保险需求与服务达成共识并签订保险单的这一过程中所需要的环境条件和氛围。只有在良好的沟通氛围中，才能与客户进行有效沟通。

客户处于心情愉悦的状态是保险销售员对客户进行提问的最佳时机，因为这时候客户的心理戒备系数较低，很乐于接受保险销售员的提问，因此态度上表现得比较配合。在这样的条件下，保险销售员对客户进行环环相扣的提问能够帮助其从客户的回答中获取重要信息。

话术方式和策略

1. 从客户心情角度营造沟通氛围

保险销售员：“××小姐，您看起来心情不错，并且我知道您对茶艺很有研究，您介不介意我们到对面清合居茶艺馆去聊聊？”

客户：“你过奖了，我略懂茶艺，我也很喜欢和人交流。好的，我们去那聊聊吧。”

保险销售员对客户进行提问，就要使客户处于心情愉悦的状态下，这样更容易使其接受保险销售员的提问，真诚地回答问题，保证双方之间的沟通顺畅。要做到这一点，就要使保险销售员从客户的心情角度出发，营造出良好的沟通气氛，以促进提问的展开。

专家建议

保险销售员说话要简明扼要，站在客户的心情角度去选择沟通环境，让客户放下内心的戒备，从而抓住有利时机对客户进行提问，了解客户真正的需求，因地制宜地制订出具体的解决措施。

2. 提问语言简洁明了

保险销售员在客户心情愉悦的状态下对客户提问也要讲究技巧，即要言简意赅地提出问题，让客户明白问题的指向，这样能确保客户的回答正好是保险销售员想要获取的信息。

模板2 “乘虚而入”发问：很高兴跟您谈谈关于……的事，这对于您来说一定很重要，是不是？

实战情景：

牛先生是一位成功的商人，在商界他对朋友的慷慨是出了名的。他经常在朋友有困难的时候借钱给他们，这导致了他在短时间内资金周转不灵。保险销售员小龙知道后，就“乘虚而入”，对牛先生发起了说服“攻势”。

小龙：“牛哥，最近钢材价格上涨了，您在钢材市场上肯定又赚了一大笔吧，我都想转行和您一起做钢材生意了。”

牛先生：“小龙啊，你可不知道你牛哥最近有多倒霉。”

小龙：“怎么了，牛哥？遇到什么事了？看您这样子，好像还挺严重的。”

牛先生："小龙啊，你牛哥我的痛苦就是眼睁睁地看着这个挣钱的机会溜走了，一毛钱也没捞到。"

小龙："牛哥，这到底是怎么回事？"

牛先生："是这样的，之前做家具生意的老马和做装修生意的老朱两个人资金周转不灵，说跟我借点钱来周转，而且承诺很快就会还我。我一口答应了，一共借给他俩70万元啊，我刚一把钱借出去，钢材价格就上涨了，我却没有周转的资金，只能眼看着别人赚钱。可是过了半年，他俩也没把钱还给我，别提我有多倒霉了，所以啊，你现在不要跟我提保险。其实我也想买保险，只是我必须先把钱收回来了，才能跟你买保险吧。"

小龙："那现在您有没有把握能把钱收回来？"

牛先生："我已经想尽办法了，但是他们没钱我也不可能让他们拿命抵债吧，对于把钱全部收回来，我没有十足的把握。"

小龙："牛哥，那您的意思是您在有生之年都有可能收不回那些钱了，是吗？"

牛先生："那还用说，要不然我早就很爽快地跟你买保险了。"

小龙："牛哥，保险可不像您借给朋友钱一样有可能收不回。保险不仅能给您提供保障，而且还能给您带来收益，这比您把钱借给朋友要好多了，您考虑考虑吧。"

牛先生："真的有你说的那么好吗？那你给我介绍一下吧。"

保险销售话术360°全解：

在保险销售中，如何对客户进行提问是一门艺术。这需要保险销售员有很强的观察能力和出众的口才。在发现客户处于戒备心理最弱的时候，利用开门见山的方法向其销售保险产品，让客户措手不及，然后“乘虚而入”，对其进行耐心劝服，从而让客户心悦诚服地接受其推销的保险产品。

“乘虚而入”其实是一种心理战术，保险销售员可以利用这一心理战术，选择有利时机对客户进行提问，让客户在一系列的回答中认同销售员的观点。

话术方式和策略

1. “照话学话”法

客户：“嗯，我确实需要一份像你所说的那种保险。”

保险销售员：“对啊，假如您觉得这款保险产品很适合您，能够满足您理财的需要，那么您需要多久去实现您的理财需求呢？”

使用“照话学话”其实就是在肯定客户见解的基础上提出自己的问题。并经过一番说服之后，让客户对保险销售员推销的产品产生认同，趁热打铁地接过话题，这样更容易让客户购买保险产品。

2．运用“刺猬效应”

客户：“这项保险中的现金价值是什么？”

销售人员：“您特别关注保单的现金价值？”

客户：“其实并不是这样，我只是想确认一下，我是否要为现金价值支付任何额外的金钱。”

“刺猬效应”的提问方法其实就是在客户提出疑问的时候，保险销售员用一个问题将客户的问题推回给客户，让客户说出自己真实的想法。在谈话的过程中，要注意的是保险销售员要掌握话题的主动权，并能将话题成功引导到销售程序中。

专家建议

“乘虚而入”是保险销售员成功地同客户进行交流和提问的一种好方法，这是一种“攻其不备”的策略，在客户毫无准备的情况下将问题抛给客户，这给保险销售员解释产品创造了一个绝佳时机，同时能让保险销售员“照话说话”水到渠成地促成交易。

实战情景2：提问要注意方式

模板1　权利式发问：您不会介意我问您几个私人问题吧

实战情景：

保险销售员小唐和客户姚小姐有过几次接触，姚小姐也购买过小唐推荐的保险产品。就在公司刚研发出一种新的保险产品后，小唐马上根据产品的特点对客户进行筛选，结果她发现姚小姐是最适合的人选，于是她找到了姚小姐。

小唐：“姚小姐，见您一面真难。大忙人，最近都忙啥呢？”

姚小姐："哎，还不是杂志社那些事，人们都说命最苦的就是我们这些编辑了，每天都加班到凌晨三四点才能睡觉。再这样下去我都不敢想了。"

小唐："是啊，您该注意身体了。对了，我能不能问您几个私人问题啊？"

姚小姐："嗯，你问吧，但是我有权选择是否回答。"

小唐："您打算什么时候结婚呢？那在您结婚之前您是怎么理财的？"

姚小姐："结婚的事我暂时没打算，至于理财，像我这样没什么经济头脑的人只好把钱定期存入银行里了。"

小唐："那您可真为银行作贡献了，您每年存在银行的钱获得的利息少得可怜吧？其实我正有一个能储蓄又能获得更多利益的好方法要介绍给您。"

姚小姐："保险？"

小唐："您真聪明，其实保险并不像您所想的，只有老人才需要买。像您这样单身的女青年更应该对自己好一些，是吧？"

姚小姐："那当然。"

小唐："那您就应该在年轻的时候为自己选择一款适合自己的保险，为自己的一生做好保障。靠自己才是最可靠的，您说是吧？"

姚小姐："那确实是，我也有这个打算，但是哪一种保险比较适合我呢？"

小唐："连投险啊，这是我们公司刚推出的，它的保额是50万元至80万元不等，您看您要选择哪一种，它在期满之后的收益是每年3万~5万元不等，每个月要交的费用是

2 000～4 500 元不等。这也就相当于您每天少吃一根哈根达斯而已，多划算。”

姚小姐：“收益真不错，我可以考虑，反正钱留在银行也看不到什么收益，这样吧，你那么了解我的基本情况，你就给我设计一款吧，设计好了通知我。”

小唐：“好的，那我就根据您的收入情况给您设计一款吧。”

保险销售话术360°全解：

在保险销售中，权利式提问是一种非常重要的提问方式。权利式提问的好处就是用简单的发问去征询客户的意见，以获得提问的权利，进而将问题不断深入，让客户一步步地回答问题，这样保险销售员才能从中获取客户所反映的信息，挖掘到客户有关的需求。

权利式发问能够让客户感觉到自己受到尊重，从而打破客户的防范心理，让客户更加自然地说出自己的需求，也能让保险销售员及时抓住客户的需求制订出符合客户需求的保险计划。

话术方式和策略

1．选好提问的方式

保险销售员：“我可以请教您两个问题吗？”

客户：“什么问题？”

保险销售员：“大家都叫我来请教您，说您在这方面很厉害？”

客户：“那你说吧。”

保险销售员要知道，客户的需求是保险销售的关键，而想要获得有关客户需求的信息，就要学会从客户口中得知相关信息，这需要保险销售员学会提问，在提问具体的问题前得先从权利提问的方式开始。

当保险销售员以请教的口吻向客户发问时，客户有时候会碍于情面而不好意思拒绝，这样保险销售员就获得了提问的机会，只要获得了提问的机会，客户回答保险销售员后面的提问也就是顺理成章的事情了。

2. 发问的问题不宜过多

保险销售员：“我可以问您几个问题吗？”

客户：“你问吧。”

保险销售员：“我想问您最近是不是打算买房？那买房之后每个月按揭的费用是多少？面对按揭的压力，您想过要寻求什么方法来保障您的生活吗？您的女儿也快上小学了，您为她的教育经费作过详细的规划吗？您考虑过假如发生了什么情况，您女儿的教育问题怎么办吗？”

客户：（你这是几个问题吗？烦死了！）

保险销售员在向客户提问的时候要学会抓关键的问题问，不可撒网式地问，否则很容易引起客户的反感，同时还会让客户觉得您是一个逻辑思维混乱的人，进而对你推销的保险产品产生质疑，无法信任你的服务。

专家建议

权利式发问是保险销售员打消客户疑虑的方法之一，这样容易让客户感觉谈论话题的主动权掌握在自己手中。保险销售员在使用这种提问方式时要态度谦和，从而让客户主动地说出自己的需求。

模板2 探索式发问：您爱人在哪里工作

实战情景：

保险销售员小莉经过朋友介绍认识了凌小姐，两人相互来往了好几次，关系还不错。一天，小莉约凌小姐在一家咖啡厅见面，两人见面一阵寒暄之后，便开始聊起来了。

小莉："凌小姐，咱们认识也有一段时间了，改天约您先生出来，咱们一起吃顿饭。"

凌小姐："好的，没问题。"

小莉："对了，我忘了问您，您先生在哪里工作啊？约他出来吃饭不会打扰他的工作吧？"

凌小姐："哎，他呀，没在什么好单位，就在一个小医院当个外科大夫。"

小莉："在医院多好啊，看病多方便啊。我以前也立志成为一名医生，但是因为各种原因，没能如愿。跟您打听个事，现在医院的床位都挺紧张的吧？"

凌小姐："可不是嘛，我们家亲戚，亲戚的亲戚整天都打电话来托我先生开病房、买药。"

小莉："那您先生应该是一个医术很棒而且热心帮助他人的人，所以那么多人才找他帮忙。"

凌小姐："没办法，不是亲戚就是朋友，不好推脱。"

小莉："那您丈夫的人缘挺好的。他肯定跟您说过医院里的事吧，那我问您一个问题，现在的科技越来越发达了，医疗水平显著提高，人的寿命也长了，原来许多不能治的病现在也能治了，那医生的工作岂不是越来越忙了？”

凌小姐：“是啊，他整天加班，忙得不可开交。虽然现在的医疗技术越来越先进了，但是医院里常有人不治而亡，这很正常。”

小莉：“您说得没错，花再多的医疗费用，有时候也救不了一个人，人总是要死的。但去医院看一下，您就会知道，现在好多人都看不起病。这时候就显出保险的重要性了，保险不仅能够解决生病时的医疗费问题，也是人生的一种保障。您看您丈夫整天为这个家忙碌，您作为妻子是不是应该多照顾他一点呢？”

凌小姐：“是啊，我也希望能够好好照顾他，但是他总是忙，几乎整天都在医院，我对他的照顾也很有限。”

小莉：“其实您可以为他买一份健康险的，这也是对他的一种关爱啊。”

凌小姐：“单位为他上保险了，这个就没必要了吧。”

小莉：“那我问您一个问题吧，您家的门有几层？”

凌小姐：“两层啊，一层防盗门，一层铁门。”

小莉：“那有防盗门不是足够了吗？您再加上一层铁门不就是为了保险一些吗？”

凌小姐：“是啊。”

小莉：“和您家的门一样，商业保险和社会保险其实并不冲突，而是相互补充的，让人们的生活更加有保障。您为什么不考虑让您的丈夫多一重保障呢？”

凌小姐：“那好吧，你帮我设计一份保险计划吧。”

保险销售话术360°全解：

在和客户的谈话过程中，保险销售员可以对客户的某一个信息或是背景进行挖掘，并围绕这一信息展开提问。有可能由这一信息衍生出更多的问题，而最主要的问题应该与保险销售有关，因此保险销售员在向客户提问的时候，要将问题与保险销售紧扣在一起，并且在确认客户问题点的时候，积极探寻客户对保险不满意的原因及其对保险的需求与期望的差距，进行重点阐述，以便让客户意识到自己认识上存在的问题。

保险销售员在实施探索式提问的时候，应当抓住重点问题提问，以最少的问题获取最多的信息，同时提出的问题要反映出你的专业精神和态度，在问题的设计上，要井井有条，由浅入深并保持问题的连贯性，同时要注意客户回答时的情绪反应，当销售员提出的问题刺激到客户的情绪时，应当主动转移话题，避免不愉快的谈话局面产生。

话术方式和策略

1. 提问数量在精不在多

保险销售员："请问您觉得您现在拥有足够的保障了吗？"

客户："感觉保障还是不够。"

保险销售员："那您考虑过通过购买保险来为自己增加更全面的保障吗？"

客户："这个曾经想过。"

保险销售员："您的想法非常好，您是一个拥有较强自我保护意识的人，我想知道是什么原因让您没有坚持购买呢？"

保险销售员在设计自己的提问时，一定要考虑到每一个问题的侧重点，以及想从问题中获取的信息。这样更有利于保险销售员根据问题来了解客户的疑虑，从而针对客户的疑虑进行重点阐述。只有消除了客户的疑虑，才能让客户迅速作出决定，才能使你的推销获得成功。

2．问题设计的连贯性和逻辑性

保险销售员："人总是会老的，对吗？"

客户："是的。"

保险销售员："人老后总是会死的，对吗？"

客户："这不是自然规律吗？有谁不知道呢？"

保险销售员："人死前总会生病的，对吗？"

客户心想：（你想说什么就直说，拐弯抹角的没有意思。）

专家建议

提问有技巧，作为保险销售员，你首先要懂得如何找出客户最关注的关键问题，并学会据此设计出一系列有层级关系的问题，从而在与客户的交流中，挖掘出客户最重要的需求。

保险销售员在向客户提问的时候，所提问题要成级递进，不要问客户一些幼稚的问题，或是一些客户敏感的问题，这样容易引起客户的反感，进而影响你们之间的谈话。

保险销售员最好在进行谈话前，就将客户可能存在的关键问题分一下类，并从中找出这些问题的共同背景，从而设计出一连串的探索式问题，这样有利于你在与客户的交流中，及时发现问题的根源所在。

实战情景3：巧妙回应

模板1 反问法：那您不觉得……

实战情景：

客户程峰：“这一款寿险怎么比别的保险公司的保费要贵一些呢？”

保险销售员张泉：“别的保险公司同一种寿险比我们公司的便宜多少呢？”

程峰：“200元到300元不等，为什么你们公司的要比他们的贵一些呢？”

张泉：“也许您还不知道吧，现在保险公司的费率都是根据生命表计算出一个数据，然后再根据每家公司的利率、费用率、死亡率等算出各险种每一个年龄的保费，这些计算完之后还要送到监管机关审核的，那您觉得每个保险公司的差价能存在这么大的差距吗？”

程峰：“是吗？这个我不知道。可能我不太了解吧。”

张泉：“其实我们公司还有其他的寿险品种，您对不同保险公司的同一款保险产品进行比较，可见您是一个行事谨慎、不轻易受他人影响的人。那么您想购买哪个价位的保险呢？您对寿险的保障范围有什么要求呢？”

程峰：“价位，保费一年的支付费用不超过6 000元就行了。能够帮我解决退休以后的养老、子女的教育问题、意外事故和理财等问题就行了。"

张泉："那您看看，这三款寿险都能符合您的要求，而且这一份寿险每年的保费是5 879.64元，比较适合你，保障的范围也比较广。这样跟您解释之后，您不觉得我们公司的这款保险更符合您的要求吗？"

程峰："确实是，我还想知道一下这一款寿险的保费是怎么缴纳的？"

张泉："这和其他险种的缴费方式也是大致相同的，就是在您签单的时候开设一个账户，然后保险公司定期从您账户上扣除应缴的保费。那么您现在不觉得我给您推荐的这一款保险产品虽然价位比其他保险公司高但是更可靠，给您带来的保障也更实在吗？"

程峰："通过你给我的资料和我拿到的其他保险公司关于这款保险产品的比较，我看到确实是如你所说，这一款保险虽然价格相对比其他保险公司的高了那么一点，但是物超所值，值得！"

保险销售话术360°全解：

在保险销售中，销售员在客户提出异议的时候必须给予回答，但是要注意回答的方式，因为不同的回答方式会带来不同的效果。假如销售员对客户提出的异议以陈述句的形式罗列出事实，那么这往往有可能引起客户进一步的异议，但是假如以反问的形式回答异议，则不但不会引起客户新的异议，反而能使客户自己回答自己的问题。

适当地运用反问的处理方法，可以使保险销售员在面对不方便回答的问题时，把问题再推回给客户，这是一种明智的做法。但是反问有时候运用不当，也会引起客户的反感和抵触。因此，保险销售员要学会运用问题驾驭整个谈话过程，使用正确的提问方法引导客户说出销售人员想要知道的信息，同时要注意用商量和征求意见的口吻，态度不要过于强硬。

话术方式和策略

1. 反问的问题应当环环相扣

保险销售员在应对客户的拒绝时，选择反问的方式将问题抛给客户，让客户重新思考其做法，这有可能改变客户原来的看法。保险销售员在设置问题的时候，最好使问题环环相扣，同时尽量使问题成逐层递进的关系，以紧紧相扣的问题引发客户的危机感，从而使客户放弃拒绝的理由。

2. 抓住关键问题反问

保险销售员在对客户进行反问之前，首先要认真倾听客户说话，从客户的话语中判断出关键问题所在，然后以关键问题反问客户，这样才能有针对性地解决客户的疑问，让客户的拒绝理由不攻自破。这时候保险销售员的说服工作才能更加顺利地进行，使客户虚心接受保险销售员的建议。

专家建议

在销售保险的时候，当销售员遇到难以回答的问题时，可以运用反问的提问方式将问题推回给客户，让客户自己作出回答，然后抓准时机摆脱困境。

模板2 重复对方的话语：您是说……所以您认为……

实战情景：

蒙大姐一直以来对保险有很深的成见，无论是谁向她推销保险，总会引发她的长时间抱怨。这一切，源于蒙大姐一次保险索赔时所遇到的不合理对待。虽然已经有很多保险销售员在蒙大姐这里铩羽而归，但是金牌保险销售员小柳依然决定再试一次。

小柳："蒙大姐，您是不是特别痛恨保险推销员呢？"

蒙大姐："说起这事我就来气，本来我对保险推销员没有什么意见的，但是上回我住院花了很多钱，保险公司却说我在投保前，没有如实告知，因而不能赔偿，这事真是让我气不打一处来。"

小柳："这个没有如实告知是怎么一回事呢？"

蒙大姐："当时，给我办理业务的是一位年轻的小伙子。你也知道，我年纪大了，保单上的字太小我看不清，只能让小伙子帮忙填写，最后由我签字。谁知在'如实告知有关妇科病'这一栏上，小伙子没好意思开口问我，就直接帮我勾了几个。我之前确实因为卵巢有点问题去医院检查过几回，但都没什么大碍，小伙子没提醒我，我自己也就没太注意，结果这就成了保险公司拒赔的理由，而那小伙子现在又离职了，你说我不倒霉吗？"

小柳："蒙大姐，您消消气。就是因为这件事，您把所有的保险都退了，就连主险都一起退了？"

蒙大姐："是的，从那时起，我就不再相信保险了。"

小柳："这件事如果换了是我，肯定也和您一样生气。假如上次您能够成功获得理赔，您还会相信保险吗？"

蒙大姐："应该会吧，起码不会这么排斥。"

小柳："您的意思是说，您并不完全拒绝保险，只是因为保险索赔未果，因而对保险采取完全否定的态度。说白了，您的心里还是希望得到保险的保障的，是吧？"

蒙大姐："就算是吧。"

小柳："其实很多保险销售员都是非常负责任的，您看我手中这一大堆理赔单，我对每一个客户都非常用心，您愿意相信我吗？要不，咱们到一家咖啡厅聊聊？"

蒙大姐："好的，那就聊聊吧。"

保险销售话术360°全解：

保险销售员在和客户交流时重复对方的话语，体现了保险销售员对客户说话内容的认真倾听和积极思考，这也是保险销售员对客户负责的一种表现。同时这也起到了强化客户意识的作用，能让客户更加坚定自己的购买意愿。

保险销售员在客户发出购买信号时重复客户的话语，会让客户感觉到保险销售员是站在客户的立场上去思考问题的，进而能让客户对保险销售员产生信赖感，这样更有利于签单的成功实现。

话术方式和策略

1. 抓住时机，重复关键性话语

客户："要是这份保险的收益好，保费我能接受，我就会考虑的。"

保险销售员："不好意思，您的意思是，如果这份保险符合您的要求您就签单购买，所以您认为这份保险的收益和保费方面还是不太符合您的需求是吗？那我给您具体说说保费和收益分别是怎么计算的吧。"

客户："好的，你给我介绍一下。"

客户说话的重点是一份保单能否顺利签下的关键所在，因此，保险销售员要抓住客户最关心的问题进行提问，在客户对保险产品与自己的需求是否相符产生疑惑时，保险销售员要学会将客户关心的重点问题重复一遍，以便更好地解决客户的需求问题。

专家建议

重复客户的话语，是保险销售员对客户说话是否认真倾听和思考的一种表现，这样做能让你在客户心中留下一个十分专业的印象，同时也更有利于保险销售员坚定自己对客户的判断，进而有针对性地采取恰当的话术说服客户。

2. 重复客户话语的时候，态度要认真

客户："我还要考虑一下再做决定。"

保险销售员："您是说您对这份保险计划还存在异议，所以您认为您还要经过细致了解才能做出决定。那您不妨把还存在异议的地方告诉我，让我给您一些具有针对性的解释。"

客户："是这样的，买保险就是买保障，所以要慎重。我还不清楚关于这份保险收益和理赔方面的具体事项。”

保险销售员：“是这样的，收益……”

保险销售员在重复客户的话语时，态度要认真，这样才能让客户感觉到你是在认真听他说话，并且对他的需求很关注，从而让他认为你是一个真正为客户利益着想的人。

第六章

处理客户异议的话术：应对异议，消除签单障碍

处理客户的异议是保险销售员顺利进行销售的关键环节。一个成功的保险销售员能够及时处理客户名目繁多、亦真亦假的异议，能消除客户的抵触心理，让客户更加相信保险，从而打消疑虑，主动购买保险。

实战情景 1：客户在需求方面存在异议时，如何处理

模板 1 客户已经购买保险：在 5 元和 10 元之间，我们可以选择 15 元。其实这并不矛盾……

实战情景：

梁先生在一家私企工作，公司为其购买了社会保险。作为一名普通的小职员，梁先生认为有了社会保险的保障，自己已经无须另外购买商业保险了。但是，有一天，他和保险销售员小潘相遇之后，小潘的一番话语让梁先生改变了主意。

梁先生：“小潘啊，你也知道，我是一名普通公司的职员，公司帮我购买了保险，这其中就包括了养老保险、大病险、意外险等险种，这些已经给我提供了足够的保障了，我没必要再买了。”

小潘：“不好意思，梁先生，我想问您，您的意思是假如您发生了什么，那么您所在的公司给您提供的保险及福利待遇能够满足您照顾家人的需要了，是吗？”

梁先生：“这应该没问题吧。”

小潘：“我想再问您一个问题，您认为人生有希望吗？”

梁先生：“当然有啦，没有希望，人靠着什么活下去呢？”

小潘：“您说得很对，人生不仅有希望，人生更需要我们去创造希望。可是您现在的做法却让我感觉您似乎是希望您所在的公司能为您和您的家人提供持续的保障，但是公司所能给您的保障是有限的，而且仅是最基本的保障。假如一个员工没有完善的保障，那么在他发生了什么状况之后，他的家人有可能会在失望和痛苦中度日。您赞同我的观点吗？”

梁先生：“赞同，可是谁愿意看到这种现象发生呢？”

小潘：“是的，我也不愿意看到这样的事情发生，但是凡事都有可能。假如您所在的公司给您和您的家人所提供的保障与您实际所需要的保障有很大的差距时，您会不会考虑增加一些保障呢？”

梁先生：“这个我会考虑的。”

小潘：“在我看来，您更需要着重考虑到您家人的保障。您看，现在公司都为您提供了个人和家庭的保障，那么您愿不愿意花一点钱为您的家人提供更全面的保障呢？如果努力去奋斗，那么希望也变成了现实，您希望您的责任变成现实吧。那么您不妨选择一份适合您的保单，对您的家人负责。”

梁先生：“小潘，那么你认为怎样的保险比较适合我这样的工薪阶层，同时又能充分保障我家人的生活呢？”

小潘：“梁先生，针对您的情况，我这里选择出三种险种比较适合您。您仔细看看哪一种比较令您满意，您要是有什么不明白的地方可以直接问我。”

梁先生：“好的。”

保险销售话术360°全解：

现如今很多单位都为正式入职的职工购买社会保险，因此，很多人都认为企业已经为职工购买了保险，职工就无须再花钱购买商业保险。因此，在销售中保险推销员经常会遇到客户以“自己已经拥有社会保险”为由拒绝再购买保险的情况。

针对这样的情况，保险销售员可以用生活化的例子向客户说明社会保险和商业保险并不相互冲突，让客户明白这两种类型的保险是相辅相成的。社会保险给人们提供基本的保障，而商业保险则给人们提供范围更大、更细、更全的保障。只有将两者结合起来，才能构成全面而完善的保障体系。

话术方式和策略

1. 做好各项准备工作，预先防范

做好保险推销前的各项工作，例如了解客户的需求信息，是保险销售员为客户设计出适合客户需求的保险计划和处理客户异议前的必修课。只有全面掌握客户的信息，才能针对客户的信息设计出适合客户需求的险种、保额、保障范围等，才能做好应对客户异议的准备。

2. 正视保险产品，不可夸大其词

客户："单位已经替我购买社会保险了，我没必要再为自己购买商业保险了。"

保险销售员："社保是最基础的保障，社保所获得的养老保险金是很低的，医疗报销又非常有限，单纯依靠社保保障您的生活质量，这看来很难啊。您看，商业保险就不同了，它不仅能保障您晚年的生活水平，而且生病住院的费用都能报销，所以说，商业保险的保障更加全面。"

客户：（保险公司疯了，大小病住院保险公司都赔，保险公司不用赚钱了？你这忽悠谁呢？）

作为保险销售员，要有一个正确的态度对待商业保险，不可将商业保险和社会保险对立起来，否则只会引起客户的不满。保险销售员应该承认社会保险和商业保险之间相互补充的关系，这样才能说服客户。保险销售员要让客户树立一种观念，商业保险是对社会保险的补充，为了获取更全面的保障，客户应该选择适合自己需求的商业保险。

专家建议

保险不是一个就够了，作为保险销售员要学会说服客户去购买适合自己需求的商业保险，让客户所需要的保障范围更全面，这是为客户着想的表现。同时保险销售员还要对保险产品有正确的评价，不能夸大产品的作用，否则只会引起客户的反感和不信任。

模板2 以前没保险也过得很好：的确，但是买了保险的话，我们的生活不就更有保障了吗

实战情景：

保险销售员小雷："钟先生，好久不见，最近可好？"

客户钟先生："还好，你呢？最近忙什么？都没看到你的人影。"

小雷："哎，我还不是忙活我的老差事，把保险带给千家万户。特别是像您这样的生意人，更应该买一份保险。"

钟先生："小雷啊，你工作多么尽责，时刻不忘提醒我们要买保险。"

小雷："钟先生，这可不是开玩笑的，跟您说是认真的。"

钟先生："我知道，可我以前没买保险的时候不是也过得好好的？在我看来，我完全没有必要买保险。"

小雷："这样的情况确实存在，但是这并不代表没有保险就一定很安全啊。您也知道，风险任何时候都会存在的。前段时间，杭州不是有个公交车司机被不知从哪刮来的残片弄伤了自己的眼睛吗？"

钟先生："这个消息我听说了，但是这些年来，我也没遇到什么大的风险，这也许是我运气好吧。呵呵……"

小雷："世界上不缺乏那些运气好的人，而您就是其中一个。您看您，面带福相，一看就是大福大贵之人！恭喜您啊！"

钟先生："多谢你的夸奖！"

小雷："但是话说回来，买保险就是未雨绸缪、居安思危，不能出了事再买，是吧？"

钟先生："我对我的运气挺有信心的，我认为我不需要做任何完全不必要的准备。"

小雷："退一万步说，即便我们的运气真的很好，不会遭遇任何意外风险，但是我们的健康能够保证不受疾病侵袭吗？现在的食品安全问题很严重，谁能保证自己的健康不受到这些问题的影响？"

钟先生："小雷啊，这事情让你一说，感觉我们的身边都是风险，那买了保险就可以完全避免风险了吗？"

小雷："其实也不是这样，只是保险能降低风险给我们带来的痛苦，让我们得到适当的经济补偿。这些不是我们遇到风险的时候最需要的东西吗？有的人在遇到风险时，毫无抵御能力，就是因为缺乏保险的保障作用。"

钟先生："听你这么一说，我似乎真的有必要买保险。"

小雷："对，非常有必要！但是购买保险也不能随意乱买，要根据自己的实际情况进行合理规划。可以说，买保险是一种理性的财务安排，也是一种长远计划，这体现了一个人对自己和家人高度负责的精神。"

钟先生："就是这个道理。"

小雷："是的，这就需要我们好好工作，还要让自己拥有必要的保障。虽然以前没有保险也过得很好，但是现在有了保险的保障作用不是更加放心了吗？这是一个万全之策，保险其实就是我们日常生活的必需品。购买保险其实就是为自己和家人储蓄了平安、储蓄了健康、储蓄了养老金，储蓄了吉祥和幸福。”

钟先生：“很对！”

保险销售话术360°全解：

在很多不愿意购买保险的客户眼里，在过去，父辈们所生活的时代里没有保险他们也过得很好，而现在自己没有买保险也过得很好。于是在他们的心中便产生一种信念——没有保险，照样能很好地生活，因此保险可有可无。其实这是客户对保险的偏见。

针对客户的这种需求异议，保险销售员首先要做的就是消除客户的侥幸心理，将生活中可能遇到的风险和意外给客户进行重点分析，让客户认识到保险与保障的重要性。

话术方式和策略

1. 以第一人称避开敏感话题

客户：“我不需要保险，我觉得我的运气很好。”

保险销售员：“真的很羡慕您有这么好的运气。我就没那么走运了，平时我和客户在外面约见的时候，偶尔会遇到交通事故。我每次看到都特别紧张、害怕，总是在想万一遭遇不幸的人是我的话，我该怎么办？我和您一样，都是家里的顶梁柱，假如我真的出了什么事情的话，我的家人今后的生活又由谁来照顾呢？”

生病和死亡是一些客户忌讳的话题，保险销售员要记住，无论客户是否忌讳这些，保险销售员在和客户谈论到这些话题的时候，表达都要尽量委婉，要尽量做到让客户接受和理解。而使用第一人称的方法则是解决这个问题的一种策略，多用“我”、“我们”等词，不仅可以拉近保险销售员和客户之间的距离，还可以减少客户负面情绪的产生。

2. 说话要委婉

客户：“父辈他们都没买保险，一辈子也过得好好的。”

保险销售员：“那是他们运气好，他们那个年代，晚上睡觉都不关门的，也不会发生偷盗事件。但是现在晚上睡觉不关门，您敢吗？他们生活的时代是什么时代，现在的时代要比他们生活的那个时代复杂多了。”

客户：（现在的社会复杂，你是不是巴不得多出点乱子，让大家都去买你的保险？）

保险销售员说话的时候态度要谦和，不要因为急于促成签单而忽略自己的表达方式，以致说话过于直接，不加以修饰，让客户听起来不舒服。这样做只会让客户产生反感和厌烦的情绪，进而影响到保险销售员开拓新客户。

专家建议

父辈们过去没买保险也过得好，以致有些客户对此存在侥幸心理，认为保险对于自己来说不重要。针对这一异议，保险销售员要委婉地向客户表达出保险对于防范风险和意外的重要性，要让客户认识到保险是人人都需要的生活必需品。

模板3 给孩子买了保险就够了：您为孩子准备了一杯水，可您想这杯水的源头在哪

实战情景：

保险销售员小辛的客户梅姐对孩子的教育问题非常重

视，从各方面给予了保障，光是保险就买了好几份。但是却没有为自己买过一份保险。小辛得知这个情况之后，马上劝说梅姐为自己买一份保险。

小辛："梅姐，好久没约您出来好好聊聊了，最近忙得晕头转向了。您家孩子近来怎样，这学习又进步了不少吧。"

梅姐："谢谢你还惦记着他，那孩子学习成绩还不错，就是有时候有点顽皮。"

小辛："学习好就行，孩子的天性就是顽皮，顽皮一点也好，这样不容易产生太大的学习压力。对了，梅姐，上次我专门给您制订的那份保险计划书您看了吧？"

梅姐："小辛，我正想跟你说这事。你那份保险计划书我看了，里边设计的险种很齐全，但是我是这么认为的，只要孩子得到了保障，那我就放心了。至于我们家长，我就不打算投保了。"

小辛："梅姐，您真是一个好妈妈，事事都为孩子着想。等孩子长大之后，他一定会非常感激您这位如此疼爱他的妈妈。"

梅姐："小辛啊，为人父母都不容易啊，等你以后有了孩子就知道了。再说了，你的父母亲他们也非常疼爱你啊，把你教育得这么懂事又有礼貌。"

小辛："梅姐，您真会夸人。您知道吗，中国人都说饮水思源，这是教育孩子的一个重要思想。而您为孩子购买保险就相当于为孩子的未来准备了一杯水，而提供这杯水的人是您和您的丈夫，其实你们就是这杯水的源泉。”

梅姐：“小辛，你的这个比喻我喜欢。”

小辛：“谢谢您。饮水思源其实还告诉我们，人要知恩图报，要知恩图报就要保护好水源。假如水源枯竭了，那么那杯水喝完之后就再也没有了，那么饮水人的生命就会因此而受到影响。孩子是你们生命的延续，也是你们的新的希望。每一对父母亲，出于本能都会保护自己的孩子，因此有父母庇护的孩子是幸福的孩子，自然他们受到的保护也多。但是，如果父母亲不在了，谁继续给孩子提供保护呢？即使拥有再多的保险对他们来说又有什么用呢？你说是吧？”

梅姐：“小辛，道理是这个道理，但是……”

小辛：“梅姐，其实您不用担心。我问您，孩子最大的保障是保险还是您和他的父亲呢？”

梅姐：“当然是我和他父亲了，没有我们，谁给他买保险呢？”

小辛：“那就对了，您为自己投保其实就是在为孩子投保，只要您健健康康、平平安安的，那么孩子就有保障基础。因为这样，即使以后真的发生了什么情况，您的保险也能给孩子提供充分的补偿和保障。您说是不是这样？”

梅姐：“确实是这样。好吧，小辛，看到您设计的这份保险我也很心动，现在我决定买了。”

保险销售话术360°全解：

水和水源是一个非常恰当的比喻，它能使保险销售员让家长认识到保障自己才能为孩子提供更加持久的保障，这其实也是为孩子投保。

每一个孩子都是父母的希望，父母对孩子的爱总是无私的。他们总是心甘情愿地将最好的东西留给孩子，他们总是无怨无悔地为自己的孩子付出，因此他们在为孩子考虑的时候总是自动忽略掉自己的需求。而保险销售员要让客户充分地认识到父母亲做好自己的保障工作对于孩子的重要性，这需要保险销售员从孩子的保障是由父母提供的这一观念对家长进行启发。

话术方式和策略

1. 从客户的利益出发

客户："我们已经给我们家孩子买过保险了，至于我们，就不买了。"

保险销售员："××女士，您家的孩子真幸福，有这么疼爱自己的父母。但是您想过吗，你们是给孩子提供保障的源泉，假如你们遇到了什么事情，那么孩子的保障就会因此而中断。相反，假如你们自己已经得到了保障，那么孩子的保障自然不成问题。"

一个优秀的、受客户喜爱的保险销售员，一定要以客户的实际情况为依据，同时将满足客户需求、使客户获利作为宗旨来制订保险计划书。所以，保险销售员一定要学会从客户的利益角度出发，去说服客户这份保险计划书对于客户获得利益的重要性，这样能使客户在权衡利益的时候，更加相信保险销售员。

一个站在客户角度为客户考虑其自身利益的保险销售员，是一个容易获得客户理解与信任的人，这样的保险销售员更能以自己的行动和语言去说服客户，成功获得签单。

专家建议

保险销售员要有一张“能言善辩”的嘴，但这并不意味着保险销售员可以毫无根据地向客户肆意渲染和推销保险，否则只会让客户产生厌恶感。一个成功的保险销售员只有站在客户的立场和以客户利益为出发点制订保险计划，让客户从保险计划书中看到自己的利益所在，才能获得客户的签单。

2. 以反对意见吸引客户

保险销售员对于客户提出的“为孩子投保就可以了，家长没必要投保”的观点，可以首先提出鲜明的反对意见，这会引起客户强烈的好奇心。销售员可以利用客户对这一话题的好奇心，用形象的比喻或者是生动的案例去向客户详细解释、深入分析父母缺乏保障可能会对孩子成长造成的问题和影响，这样更容易提高客户获得保障的主动性。

实战情景2：客户对产品存在异议，如何处理

模板1 买保险不如存银行：保险不仅能像存款一样实现储蓄，还能为应对各种意外保驾护航

实战情景：

客户小徐：“什么？买保险？那我还不如把钱存银行踏

实呢。”

保险销售员小田：“徐小姐，我想问您，是什么原因使得您更愿意选择银行储蓄呢？”

小徐：“这没有什么特殊的原因，纯属个人爱好而已。”

小田：“现在社会上确实有很多人喜欢这样做，宁愿把钱存银行也不肯花钱买保险。因为对他们而言钱放在银行，在需要之时可以随时取用，灵活方便。”

小徐：“是的，就是因为银行存取款比较方便。”

小田：“但是假如您想利用银行的定期存款，达到退休之后养老的目的，那么就会出现两种不同的后果：一种是呈阶梯状，即从定期存入银行之后就不动用这一笔资产。这样的人比较有恒心，因此他的资产每年固定增长，日积月累，时间长了养老自然不成问题。另一种是呈锯齿状，将钱存到一定时期，由于各方面的原因，不得不动用这笔资产，将其用于旅行、购置不动产、购物或投资等方面。资金一旦动用，就很难达到存钱养老的目的了。”

小徐：“我相信我可以实现我的目标。”

小田：“那我首先得佩服您的毅力，但是您知道，现在通货膨胀，钱不值钱，钱存在银行里不但获得的利息少，还有可能变得越来越少。从功能方面说，同样的钱您放在银行只有一个功能，那就是储蓄，但是您把钱放在保险公司就不一样了，它具有的功能更多，除了有储蓄功能之外，它还有生命保障、退休后的年金给付、医疗支付、全家安全及疾病支付等功能。这样比银行储蓄来说要实惠多了。”

小徐：“我听你说了之后才知道保险还有这么多功能。”

小田："这么跟您说吧，假如银行具有储蓄兼保险功能，那么很多人都会挤着把钱放到银行。但是银行由于自身条件的限制，无法做到这一点，而保险公司却做到了。当您选择一款保险产品的时候，保险公司会在您第一次缴费的时候就为您作长期规划。这样您在保险公司的缴费就形成了一个长期的循环，这其实就是以时间换取空间，给予存款人最大利益和帮助。"

小徐："除了这些，保险与银行存款还有什么差别呢？"

小田："差别就在于，银行存款是您设定一个目标数字，整天盼望着它，慢慢地积攒，这是一种先付费后享受的方式；而保险则是您第一次缴费之后，就拥有一个目标数字，然后您要慢慢偿还这个数目，这是一种先享受后付费的方式。"

小徐："嗯，听上去好像是这么回事，那麻烦你仔细和我说说。"

保险销售话术360°全解：

保险销售员在保险销售的过程中遇到偏爱银行储蓄的客户，这时候不妨顺水推舟，针对两个"存款"提出问题，然后将话语的主动权掌握在自己手中，引导客户一起分析与思考。最后告诉客户，把钱存入银行得到的只是本金加利息，但是把同等数额的钱存入保险公司，那么客户得到的就不只是本金和利息了，还有健康保障金、身价保障金、养老金等全方位的高额保障。这样一来，客户就会看到保险的收益优势，从而更加相信保险。

话术方式和策略

1. 顺水推舟法

客户："现在猪肉那么贵，大蒜、姜、葱这些调料都涨价了，就是那点工资死活不动，一直没涨，赚钱容易吗？再说了，我还有一家老小要养，经济压力多大啊，哪还有钱来买保险呢。"

保险销售员："是的，前两天鸡蛋的价格又上涨了，您看这物价就像发疯似的狂涨，这给我们带来了多大的心理压力。竞争越来越激烈了，工作的强度也加大了，肩上肩负的家庭责任更重大了，我能理解您的压力和负担，所以才会为您专门设计这样两个险种……"

保险销售员要知道，客户的异议往往能暴露他们的喜好与偏向。保险销售员在和客户谈话的时候，面对客户"买保险不如存银行"的异议，保险销售员要学会顺水推舟，即顺着客户喜欢储蓄的爱好展开话题，最终引出保险不仅具有储蓄功能，而且具有保障功能。让客户看到保险的双重功能，满足客户的需求，这是让客户将之前不愿意购买保险的理由转化成客户主动愿意购买保险的一种重要技巧。

专家建议

客户无论选择银行储蓄还是保险，都是为了获得收益。作为保险销售员，要学会利用保险的高额人生保障和收益好的特点去说服客户购买保险产品。

2. 以优势取胜

要消除客户"买保险不如存银行"的异议，保险销售员可以运用保险的储蓄功能与银行储蓄功能的不同之处来说服客户。让客户看到保险的储蓄功能具有免税和身价保障的功能，这是保险储蓄功能的优势。由于人都有趋利心理，保险能避税这一优势，自然成为吸引客户购买保险的一种力量。

模板 2 保险不如股票收益高：您炒股的时候就不担心吗？保险正是解决您的这些担心的

实战情景：

尚先生是个老股民，在股市上素有“民间股神”之称。他宁愿把钱放在股市也不愿用于保险投资。在他看来，在股市上投资远比投资保险见效快。所以无论是保险推销员如何向他推销保险产品他都拒绝，但是保险销售员小容却一直坚持不懈地与尚先生保持着联系，在他的努力下，尚先生终于答应了和小容见面。

尚先生：“小容，你制订的那份保险建议书我已经看过了。相信对于我个人你也有所耳闻吧，你保险计划书里的那些保费，要是让我拿到股市上去投资，最后的收益肯定要比你那份保险计划书的收益高得多了，这是毫不夸张的事实。”

小容：“尚先生，您在股票方面的造诣确实值得像我这样的人好好学习，改天我一定要跟您拜师学艺。不可否认，股市上赚钱速度比保险要快，但是要论起保障性，股票就没有保险稳定了。尚先生，以您在股市那么多年的经验看，您见过只赚不赔的人吗？”

尚先生：“小容，你也知道股票有风险的，哪有稳赚不赔的股票高手啊。”

小容：“那您投资股票不担心吗？”

尚先生：“这有什么好担心的？”

小容："炒股的收入是您家里唯一的经济来源，一家老小的生活，孩子的教育费用，这些都得靠您吧。若是股市行情不好，资金被套牢了，或者股票大跌赔钱了，那您家人的保障从何而来？我知道您是一个家庭责任感非常重的男人，在炒股的时候，您一定想过这些问题。"

尚先生："的确，有时候也想过这个问题。"

小容："那么您觉得用10万元和9.8万元投资股票，有什么差别吗？"

尚先生："只是少了2 000千元钱，应该没有什么大的区别。"

小容："那么您不如用这充当差额的2 000元钱来投资保险，这样能将您的家庭开销、养老保障问题都解决了，这样您不是可以放心大胆地炒股了吗？这份计划也能够保障您生活的美满。"

尚先生："这个……"

小容："尚先生，您放心吧，您看到的这份计划书是我专门根据您的情况制订的，已经考虑到您每个月要还的房贷了。您看，每个月您除了还贷和家庭基本生活费开支，您余下的可支配收入大约是5 000元，而这个保险组合平均算起来每天的花费是40元，对您的经济生活影响不大，当期满的时候就可以获得50万元的保障，即使发生什么状况，这笔钱也可以帮助您偿还房贷，保障您家人今后的生活。"

尚先生："这个办法也挺好的。"

小容："那么让我们一起来看看投保单，好吗？"

尚先生："好的。"

保险销售话术360°全解：

赚到钱会让人开心，于是很多人都急切地想赚到钱。在功利心的驱使下，很多人产生到处都是商机的幻觉，也因此他们稳赚不赔的“自信心”也会急剧膨胀。特别是有些身在股市之中的人，在这种状态下，假如保险销售员跟他谈保险，却又无法说服他，他就会认为其在杞人忧天，甚至轻视保险销售员。

保险销售员要说服投资股票的客户拿出一部分资金购买保险，就需要找到正确的切入点，运用比喻或者是举例说明的方法去证明保险的保障性对于投资者的重要性，从而让客户愿意去购买保险产品。

话术方式和策略

当正面突击无法让客户开口答应购买保险产品时，保险销售员不妨从侧边突围，以旁敲侧击法来引导客户的购买行为。以比喻或者是案例重述的方式给客户暗示，让客户认识到保险收益的客观性，放弃“保险不如炒股收益高”的异议，从内心开始接受保险。

客户：“我看买股票比保险能赚钱。”

保险销售员：“其实我们的经济生活就像是一场足球赛，股票这种高风险、高回报的投资方法就相当于球场上的前锋。假如前锋进球，那么就能给球队带来胜利，但是也有可能前锋抢不到球，这时候就有可能无功而返，一球难进；球场上的后卫和守门员则是由保险充当，即使前锋抢不到球，只要后卫和守门员做好自己的工作，那么即使不能保障比赛获胜，也可以保持不败。您认为这个比喻恰当吗？”

客户：“很恰当，但是现如今不会理财的人，怎么在社会上立足呢？”

保险销售员：“没错，股票赚的是比保险多，但是家庭理财的关键在于长期稳健地发展而不出现财务风险，而不是赚钱赚得快，是吧？因此，我建议您在考虑投资股票、房地产的时候，不妨拿出一小部分的钱来防范风险，您说是不是这个道理？”

专家建议

股市风云多变，使很多人沉浮其中。保险销售人员在向客户介绍保险和股票的差别时，首先要肯定炒股是一个高利润回报的投资方式，但是同时也要强调其高风险的特点，同时要让客户明白保险其实是对股票投资人的一种保障。这是保险销售员说服客户为自己的投资增加一份保障，选择保险的重要方法。

保险销售员有时候无法从正面激励客户购买保险，这时候不妨使用旁敲侧击的办法，通过生动的案例或者是比喻去说服客户，让客户认识到保险的重要性以及物质保障对一个人及其家庭的重要性。

保险推销人员可以在向客户推销保险的时候，暗示客户在追求利润的时候更应该注重投资获利的持久性和风险性问题，让客户明白树立正确的投资理财观，对人的一生极为重要，这也是他对家人负责的表现。

模板3 体检核保麻烦：体检可以了解身体状况，并且我还可以帮您预约……

实战情景：

乔先生一直很想买一份保险，经过好朋友的介绍，他得知保险销售员小岳的服务态度不错，便让小岳周末的时候出来谈谈。

乔先生："你的保险计划书我看了，真不愧是'销售明星'啊，做出来的保险计划就是有针对性，我喜欢。就是买保险还要体检，这也太麻烦了。"

小岳："乔先生，您再忙也要照顾好自己的身体啊，身体健康可是件大事啊。其实很多时候，我们身体出毛病都是因为我们一时的疏忽。身体有些不适的时候没有及时去医院检查，认为小毛病过段时间自然会好，但是这样日积月累，慢慢的这些小毛病变得严重了，于是我们就得花费更多的时间、财力和精力去治疗和补救，这才是真正的麻烦，您说是吧？"

乔先生："道理确实是这样，但是我确实没有时间去体检。"

小岳："乔先生，体检可以让您更详细地了解您的身体状况，这不是件好事吗？假如您没有时间的话，我可以帮您预约体检时间。"

乔先生："好的，那谢谢你了。"

小岳："不客气，这是我应该做的事。其实我们的身体就像是一台运行了三四十年的机器，即使不报废，那也会产生零件磨损、松动等毛病。假如一台机器不好好保养，那么没过多久，这台机器就会出故障，甚至是报废。而人的生命力较强，天天在运动，因此产生的毛病并不严重，但是日常的'保养维护'工作还是要继续的，就像每年一次的健康检查，就能够及早发现人身体内潜藏的病患，这样能做到早发现早治疗，没有病也能做好各项预防工作。并且我们给您提供的体检是免费的，只需要您花上几个小时的时间就够了。"

乔先生："我看看我的工作安排再说吧。"

小岳："岳先生，您就别犹豫了，这也是对我们身体负责的一个机会。做完体检之后购买保险，这对您更有利。因为体检合格了才能经过保险公司的审核，投保才生效，这其实也是确保了其他投保人的平等投保权。所以，假如在投保之后发生情况，您个人承担的责任又可以降低不少。"

客户乔先生："对啊，小岳你提醒得对，我应该为自己的身体负责。"

……

保险销售话术360°全解：

很多客户对保险销售员设计的保险计划书非常满意，但是总是会找理由拖延参加体检核保。面对这个问题，保险销售员可以运用生动的比喻向客户说明体检核保的重要性，同时还要对客户的身体状况进行称赞，这不仅可以避免客户心里产生排斥感，还可以给客户增加信心和勇气。除此之外保险销售员提醒客户参加体检前还必须向客户强调体检医师的经验与能力，最大限度地消除客户的疑虑。

还有一种方法是保险销售员把自己的客户当成朋友看待，站在朋友的立场上真诚对待你的客户，让他感受到你的诚意，再通过实际案例引导客户正确地看待体检核保，让客户从心里认同接受体检确认健康是对家庭负责的一种表现，以达到说服客户排除顾虑的目的。

话术方式和策略

1. 动之以情——形象化比喻

客户："体检多麻烦啊，不体检行吗？"

保险销售员："先生，假如外边正在下着暴雨，您正要出门到另一个地方办事，您想想要想既不撑伞也不被淋湿，有这样的可能吗？其实有一种方式，那就是穿雨衣。这其实和保险一样，您不体检也行，但是您要支付双倍的保费。假如因为这样而使您多付一倍的保费，那您就吃亏了。您不想因为怕麻烦不体检而付双倍的保费，是吧？"

由于对保险缺乏深入的了解，客户在购买保险的过程中会提出各种异议。假如这时候保险销售人员将深奥的理论知识直接解释给客户听，那么有可能使客户越听越迷糊，而保险销售员运用形象生动的比喻，则完全可以消除这个不必要的异议，同时销售员机智生动的解说也会让客户更加信赖。

2. 晓之以理——举例说明法

客户："怎么就不能省掉体检这一环节呢？"

保险销售员："××小姐，您的心情我能理解，跟您说个真实的事吧。半年前，我的一个客户也是不愿意体检，但是我多方面劝导他，最后他肯去体检了，结果一体检就检查出他患有严重的胃溃疡。经过及时治疗和休养，半年的时间他的病治好了，后来又去体检了，没啥毛病了，两天前刚跟我签了保单。医生当时就说幸好发现得早才救了他一命。像您这样身体健康的人，多花点时间去体检，也是对您和您家人负责的一种方式，您说是吧？”

专家建议

当客户在保险体检核保方面出现异议时，保险销售员要学会晓之以理、动之以情，用形象生动的比喻和身边真实的案例去打动客户，让其主动参加体检核保，消除异议，正式签单。

保险销售员在客户找理由推脱体检核保的时候，要学会利用身边真实的案例，排除客户的异议。但是在向客户谈及真实案例中的人物时，保险销售员要遵守职业道德，尊重当事人的隐私，不得随意透漏姓名以及投保信息。

实战情景3：客户对信用存在异议，如何处理

模板1 我以后找不到你怎么办：我是代表公司的，而您的保险受法律保护，这样即便……

实战情景：

客户景小姐：“现在的社会，有时候买保险也不保险了。”

保险销售员小童：“景小姐，是什么原因让您发出这种感慨呢？”

景小姐：“有些人啊，推销保险的时候一个劲地跟你说保险是多么的好，但是一出事，人都找不到了。像我们这样的平民老百姓，要是找不到当初为自己办理保险的业务员，我们怎么办？”

小童：“景小姐，您说的这个情况的确存在，但是您要

明白一点，那就是和你签订保险合同的是保险公司，而不是某个保险业务员。换句话说，您的保险是受法律保护的，这样即便将来你真的找不到当时帮您办理保险的业务员，法律和保险公司也会保障您的合法权益。”

景小姐：“但是，出事的时候我们一定会首先找到帮我们办理保险的业务员啊，并且也只有他们才最了解我们的情况，要是找不到他们，那到时候一定会很麻烦。”

小童：“景小姐，这一点请您放心。保险就是在客户发生意外情况时为客户提供保障的。事故发生时，保险公司会根据投保客户的投保险种对其采取一定的弥补措施。每个人都随时可能发生各种意外，保险销售员也一样，因此希望一个保险销售员连续服务20年的想法这有点不现实。但您不必为此担心，即便这个保险销售员不在公司了，您还是可以找保险公司的。”

景小姐：“小童啊，你真是个细心的人，给我提供了这些有用的信息。我非常感谢你。”

小童：“景小姐，您过奖了，这是我们保险销售员应尽的责任。并且您也可以放心，我将会为您提供长期的优质服务。”

保险销售话术360°全解：

在保险行业，由于保险销售员的离职或者跳槽，使得之前和他们签订保险单的客户在续保、理赔或者售后服务等环节出现空缺状态，这就是保险上常说的“孤儿保单”。“孤儿保单”会造成客户得不到应有的服务，这就导致客户会在这方面对保险及保险公司存有一些异议。

为了消除客户的这类异议，保险销售员可以利用保险合同的效力和保险公司的实力、信誉以及自己的从业资历与决心来说服客户，取得客户的信任，做到这些以后，基本可以消除客户的顾虑。除此之外，保险销售员还可以利用自己长期、稳定的从业经历以及老客户对自己和公司的客观评价来增强客户的信心，从而提高公司和自己的可信度，当然这也是显示保险销售员能力与实力的好机会。

话术方式和策略

1．巧妙利用销售工具来显示自己的从业经历

客户："现在我跟你买保险肯定没问题，但要是过了两三年，你不干保险这一行了，我怎么办呢？"

保险销售员："我是真心喜欢保险这个行业，要不也不会在这行一干就是八年。您可以看看这张数据统计表，这是八年来客户对我的客观评价，以及我处理客户理赔的效率统计，还有跟我购买保险的客户所购买的险种统计。"

当遇到客户"你不干保险了，我怎么办"这类异议的时候，保险销售员可以用一些销售工具，例如图标、手册、目录、投资收益表、案例等辅助工具或手段，向客户展示自己的从业经历，以及继续做下去的决心和信心。同时保险销售员也可以向客户展示自己所取得的成果，比如客户和公司对自己的好评等，以此来打消客户的疑虑，取得客户的信任，让客户下定决心购买保险，提高成交的可能性。

2. 少说大话、套话、空话

客户："我还是担心，要是你由于各种原因离职了，那我办理理赔的时候去找谁呢？"

保险销售员："这个您就放一百个心吧。我在这家公司干个三四十年都没问题的。只要您投保了，我就会从始至终为您提供最优质的服务，并且在您需要的时候随叫随到。"

客户：（说的比唱的都好听，谁信啊？）

有些客户因为听说过有人投保了，出事之后却找不到当初办理保险的业务员，从而无法办理理赔手续，个人的合法权利受到侵害的案例，所以对保险销售员和保险公司产生质疑，并提出类似上述案例中的异议。

针对这样的情况，保险销售员首先要对客户的质疑表示理解和同情，然后再进行说服。但是要注意，在说服客户的时候不要讲大话、套话或者空话来应付客户，否则只会让客户越来越不信任保险销售员。正确的做法是，用公司的实力与信誉、自己长期的从业经验、老客户的评价与推荐等作为说服客户的依据。

专家建议

客户担心保险销售员在办理业务之后突然离职是保险销售中常见的异议之一，针对客户的这一类疑虑，保险销售员首先要对客户表示理解和同情，然后拿出自己的诚意，用公司的实力、信誉、自己的从业经验和自己在行业内建立的信誉、形象等来消除客户异议，取得客户信任。

模板 2　公司会不会倒闭：您放心，保险公司通常不会倒闭，即便倒闭了，您的利益也不会受到影响……

实战情景：

客户伍小姐："你们卖保险的总是劝我们客户买保险，

并且总是告诉我们保险对我们的生活如何有保障。但是你们有没有想过，万一保险公司倒闭了，我们怎么办?”

保险销售员小许：“伍小姐，我想您对保险公司存在一些误解吧。”

伍小姐：“这不是误解，而是我真实的担忧，难道你就能担保你们公司一定不会倒闭吗?”

小许：“伍小姐，您的心情我理解。但是保险公司的设立、经营、管理以及投资等，都是经过相关单位严格审批的，并且每一家经过审批的保险公司在平时的运作中都要接受监管单位的严格约束，同时还要经过每年一次的全面审核。一旦这家保险公司被查出有违反管理办法的情况，监督单位将视其情况轻重予以纠正，轻则立即撤换负责人，重则吊销该公司的经营执照。因此，一个保险公司无缘无故地倒闭的可能性不大，我这样说您能明白吗?”

伍小姐：“嗯，这个我明白了。但是不怕一万，就怕万一。万一保险公司真的倒闭了，我该怎么办呢?”

小许：“伍小姐，请您放心。刚才我已经说了，保险公司一般是不会轻易倒闭的，并且即便保险公司真的倒闭了，您的权益也不会受损。具体来说是这样的，客户投给保险公司的保费，每一张保单，保险公司都要提供一定的保证金给监管单位。这样即便保险公司因为经营不善、财务状况不稳而倒闭，也有监管单位来代为其负责，为客户提供保障。”

伍小姐：“是吗？听你这样一说，我就感觉没那么严重了。”

小许："是的。保险是一种专门技术，被保险人本身的权益很难通过个人来保障。因此，监管单位为了维护被保人的合法权益，在一笔保费进入保险公司后，会对保单的核保情况进行严格审核，同时对其安全性进行评估，然后要进行再保分配。这样客户的利益就可以得到有效的保障了。"

伍小姐："这么说保险公司携款潜逃的可能性不大?"

小许："是的，保险公司对外投资时，其投资标准的安全性、稳定性、收益性、流通性及投资的比率也要接受监管单位的严格监督。如果发生偏差，监管单位会立刻对其进行纠正。因此，保险公司和一般金融机构相比，其风险相对较低。同时在投保前，您还可以对这家公司的资质和声誉进行研究、评估，然后再决定是否投保。"

伍小姐："哦，原来是这样，那我就放心了。"

保险销售话术360°全解：

作为一种长期性的契约，保险需要客户在投保时就要分期或是一次性将保费存入保险公司，同时保险的保障期短则数天，长则终身。这种情况下，客户对保险公司自身存在的风险有所顾虑也是正常的。为了解决客户的这种顾虑，保险销售员可以从法律法规的角度证明即便保险公司倒闭了，客户的利益也不会受到影响，然后再通过介绍公司自身的历史与实力向客户证实自己所在的保险公司倒闭的可能性不大。

话术方式和策略

1. 避虚就实，转移话题

“避虚就实”转换话题是保险销售员应对客户“万一保险公司倒闭了怎么办”这类异议的方法之一。具体操作方法是保险销售员简略地介绍保险公司对风险所采取的防范措施，然后巧妙地将话题引到客户的利益与保障上。因为这是客户最关心的问题，这样既能避开与谈话无关紧要的话题，又能成功地打消客户的疑虑，使保险销售工作向前迈进一步。

2. 用公司信誉征服客户

客户：“现在每天都有无数的公司倒闭，要是你们公司倒闭了，我怎么办?”

保险销售员：“××女士，首先我要告诉您的是这个事情发生的概率非常小。因为我们公司经过监督单位的严格审核，而且我们公司的信誉您可以上工商企业网去查询，要是您还不放心的话，您可以到当地的工商机关去查询，或者向我们的客户打听一下。”

一个企业的信誉是经过常年经营管理积累的，当客户对企业的信誉产生质疑的时候，保险销售员可以运用相关单位和个人对公司的评价和监管结果来说服客户，让客户消除疑虑。

专家建议

保险公司倒闭的可能性极小，因为保险公司受到监管机关的严格监督，因此，保险销售员在客户对此提出疑虑时，应该从公司的性质、监管单位的严格审查、监督以及公司的信誉等方面去说服客户，巧妙化解客户的这类异议，使保险销售工作顺利进行。

模板3 我找朋友去买保险：那您一定得对保险有更多的了解才行，您也知道人情保单有时候……

实战情景：

客户小曾：“其实我也有朋友和你一样从事保险销售工作，我要是买保险就直接找他买了。”

保险销售员小卓：“既然您有朋友在保险公司，那为什么您至今都没有向他投保呢？是您个人不愿意找他，还是他没有找您？或者你俩是朋友，出于面子的考虑，所以他一直在等您开口呢？”

小曾：“也许你对我们之间的关系并不了解，所以你对我一直没向我的朋友购买保险存在很多假设性的问题。其实原因只有一个，就是他很忙。”

小卓：“作为保险公司的销售员，他对保险重要性的认识比你要清楚多了。从好朋友之间的情谊来说，他更应该首先为您办理保险事宜才对。说句真心话，现在什么事情都可能发生，要是您在买保险前遇到了什么状况，那么因此而造成的损失就只能由您本人独自承担了。”

小曾：“这个道理我知道。”

小卓：“其实，您有朋友在保险公司是件好事，因为您在投保后可以请他帮忙分析我提供给您的这类保险的优缺点，无论是作为朋友还是销售员我想他都会十分乐于提供这样的服务。但是我们说到实际的问题，假如您真的要向您的朋友购买保险，那么在投保前他肯定要了解您的财务状况，但是您愿意让他知道您的财务状况吗？我想您不一定愿意完全让他知道吧。这也是很多人不愿意购买人情保单的原因，毕竟谁都不愿意让一个熟人完全了解自己的财务状况。”

小曾：“多年的好朋友，不照顾朋友好像不太好吧。”

小卓：“其实你不必担心这点的，您的朋友对您的选择应该很理解。实际上，我的很多客户也有家人、亲戚、朋友从事保险工作的，并且他们也是不愿意向与自己有关的这些人购买保险。原因有好几种，有的是因为熟人所在的保险公司规模不是很大；有的是因为熟人所在的保险公司所能提供的产品与自己的需求不符；有的是因为不认同这些熟人为人处世的方式；甚至还有的是因为这些熟人仅仅把保险工作当作他们工作过渡时期的踏脚石，从而对他们失去信任……当然还有其他一些状况。但是就是出于种种考虑，他们最终都放弃了向熟人购买保险的念头。并且，人情保单往往因为双方的关系过密，而疏忽了服务质量，客户想要投诉，又怕伤了朋友之间的和气。因此保险理赔的时候，不免产生纠纷，这样势必会影响朋友之间的感情。”

小曾：“嗯，你说的的确有些道理，有时候我也怕出现问题。因为是朋友，反倒不好保护自己的合法权益。这样吧，我会仔细考虑你的建议的。”

小卓：“好的，那我等您消息。”

保险销售话术360°全解：

很多客户都认为，人情保单可以避免自己上当受骗，因此他们更加倾向于选择人情保单。在保险销售中，这也是保险销售员经常会遇到的一类难题。要解决这个难题，保险销售员在说服客户的时候就要从人情保单的缺点入手，让客户从自身利益的角度思考问题，在客户摇摆不定时，郑重做出服务承诺，以获得客户完全的信任，尽快拿到保单。

话术方式和策略

中国人讲究人情世故，做任何事都喜欢找熟人帮忙，就连买保险也要买人情保单，认为人情保单容易让人放心，同时理赔也容易解决。针对这一问题，保险销售员可以利用人情保单的弊端来说服买人情保单的客户，让这些客户转变观念，购买非人情保单。

客户："我朋友也是卖保险的，买人情保单我更放心。"

保险销售员："那多好啊，那您对保险一定很了解，您的朋友一定向您介绍过选择保险的方法吧。那您向您的朋友买保险了吗？"

客户："我们是好朋友，反正我也不急，什么时候买都行。"

保险销售员："向朋友买保险确实方便，但是您想过向朋友买保险有什么不妥的地方吗？"

客户："难道朋友还坑我不成？"

保险销售员："这不是我凭空而说的，我就曾经遇到过这样一个客户，他因向朋友买保险而上当受骗。您知道买保险之前都要调查客户的财务状况的，后来我那个客户就是因为个人财务状况问题和他的朋友产生纠纷，闹得挺尴尬的。”

专家建议

保险销售员面对客户相信人情保单的优越性而排斥非人情保单，并对此产生信用异议时，首先就要学会调整好自己的心态，向客户说明人情保单存在的劣势，然后成功突围。

人情保单一定程度上保持了中国传统的礼尚往来的礼节，但是在保险这一行业中，人情保单存在着一定的弊端，使得一些购买人情保单的客户在投保利益受损时，与推销人情保单的朋友产生矛盾，甚至造成朋友之间的反目成仇。针对这一问题，保险销售员可以用非人情保单在服务方面更加专业来让“坚定不移”要购买人情保单的客户主动转向购买非人情保单。

实战情景4：客户对支付形式和金额有异议，如何应对

模板1 资金紧张支付保费存在困难：正是因为这种经济状况，您才更应该……

实战情景：

客户欧先生：“小米，看了你的保险计划书我很心动，但是很不巧，今年我刚买了套房，钱都砸到房子上了，每个月还要努力给孩子赚奶粉钱。要是去年的话，我肯定很爽快地签下这份保单，但是现在钱太紧张了，每个月的工资都所剩无几了，别说保险了，就是想多花点钱出去旅游一趟都要精

打细算。所以我考虑了一下，我还是打消了买保险的念头。”

保险销售员小米：“欧先生，我想问您一下，您的意思是说，您对这份计划书很满意，但只是在保险投资上有一点儿经济困难，是吗？”

欧先生：“嗯，确实是这样，现在谁不想给自己的生活多一份保障呢？”

小米：“欧先生您说得没错，有了保障，人们的生活才会过得更好。也许在您还没贷款买房的时候，您会觉得其实保险没那么重要，生活得好也不需要保险的支撑，您说是吧？但是现在您贷款买房了，正是因为您现在的这种经济状况，您才更应该选择保险来保障您的生活，因为这份保险对您来说意义更加重大了。”

欧先生：“没错，以前我确实那样想过。但是我不明白为什么我现在的情况更需要保险，我连支付保险的资金都没有了，我再怎么需要也无法支付，这是个事实啊。”

小米：“如果您没有任何经济压力，那么即便发生了什么事情，您家人的生活也不会因此而受到影响。但是您现在背负贷款的压力，在这样的情况下，一旦您的收入因为某种原因而受到影响，或者突然有什么别的大开销，那么您的房贷将无法偿还，并且您的家人还会因此而背负沉重的债务。因此，我们说保险对于那些没有经济压力和家庭责任的人来说，没有意义，但是对于您这样上有老下有小并且还有一定经济压力的人来说，就是必需的了。”

欧先生：“小米啊，听你这么说，我觉得真的很有必要买。但是你也知道我的资金周转有困难，我即使再怎么心动也无能为力。”

小米："欧先生，其实您的情况我在为您设计这份保险计划书的时候就已经考虑过了。正是因为考虑到您每月要偿还房贷，于是我将您每月可支配收入算了一下，扣除房贷和每月的基本生活开支，您每月可支配的资金大概是5 320元，而我给您设计的这款保险平均下来，每天的花费大概是45元，一个月在这项保险上的花费不到1 400元，这不会给您带来太大的影响，同时还给您带来50万元的保障。并且即使发生了什么状况，这笔钱也能帮您偿还房贷，减轻您的经济负担，同时保障您和您家人的生活，您说是吧?"

欧先生："小米啊，你的嘴可真厉害，我服了你。那我再仔细看看保单吧。"

保险销售话术360°全解：

现如今，房贷、车贷将很多人手中的现金套牢了，于是他们的经济状况难免受到影响。而客户能够在保险销售员面前坦然地承认自己的经济状况并不乐观，并对保险计划书中的建议提出自己的观点，这足以体现客户的深思熟虑以及客户对这份保险计划书存在初步的购买意愿。这样的客户，只要保险销售人员巧妙应对，仍旧可以轻松搞定。

怎样消除客户资金方面的异议呢?保险销售员首先要确认和澄清异议，其次要找到能够抓住客户购买欲望的一个观点，对客户进行诱导，并在这个过程中向客户灌输保险的重要性，消除客户的疑虑。然后，保险销售员还要通过实际、可操作的计划来对客户的具体情况进行分析，做到保费支付既不影响客户的经济生活又能给客户的家庭提供经济保障，最后客户自然会接受保单。

话术方式和策略

1．不可轻易作出让步，擅自改变保险计划

客户："我们家孩子刚结婚，花了一大笔钱，没钱买保险了。"

保险销售员："那要不这样吧，我给您的这份保险计划重新改一下，只留下主险，那些附加险全都去掉，您看行不？并且这主险的费用也不高，一年也就5 000元，一个月也就400多元，一天也就15元，您看多划算啊。"

客户：（为什么之前没有给我这么设计，是不是想多赚我的一点钱？）

当客户指出自己的资金不足时，保险销售员不能因此而轻易更改已经制订好的保险计划，而是要立场坚定，从根本上解决问题，帮助客户分析关键时期保险的重要性。一个因为客户的一句话就立即提出更改保险计划的保险销售员，只会让客户认定其是一个立场不坚定的销售员，进而对其专业精神产生质疑。

> **专家建议**
>
> 有些客户会因为自己的经济状况并不是很好而拒绝购买保险。针对客户的这种情况，保险销售员首先要确认和澄清客户的疑虑，找到吸引客户的方法，向客户阐述经济紧张时期保险的重要性，同时使用化整为零的价格平摊法，让客户从心理上更容易接受保险，从而促成保单的成功签订。

2．平摊价格法

客户："最近菜市场的鸡蛋都涨到一斤五块钱了，什么都贵，哪还有钱买保险啊。"

保险销售员："××大姐，其实这种保险的保费听起来很多，但是细算一下，平均每天您只需要交纳20元钱，20元钱对于您这样的中高收入群体来说并不多，也就相当于您的一餐饭钱，这一餐饭钱，就能使你在15年之后，获得50万元的保险金，您说划算吗？"

保险销售员在和客户谈论保险费的时候，应当学会化整为零，将保费细化到每一天，打消客户“这是一笔巨大的开销”的心理，让客户在心理上易于接受保险。这是说服客户购买保险的一种策略。

模板 2 担心经济状况改变难以续保：这种情况不会发生在您身上，您看……

实战情景：

推销员小路：“郑先生，咱们前面已经谈了很多了，您还有什么别的问题吗？”

郑先生：“我都了解得差不多了，别的倒没什么，只是你看这保费要年年交，而且一交就是20年，如果我中途某一年交不起的话，那我前期投入的钱不是都损失了吗？”

小路：“嗯，郑先生，您有这个顾虑是对的，在我们的客户中也的确出现过这样的情况。但根据我对您的了解以及分析，这种情况不会发生在您的身上。”

郑先生：“哦？你怎么可以肯定这种情况就不会发生在我身上呢？”

小路：“您看，通过分析，我们总结出发生这种情况主要有三个原因。第一，客户投保时，保险销售人员为客户设计的保险方案偏重保障利益，忽略了客户持续交费的能力。第二，保险方案设计合理，但是交纳了第一年的保险费之后，客户把这项开支给忘掉了，结果现金被用在别处，一时周转不过来。第三，有些客户确实遇到下岗、收入突然中断等问题。遇到这样的变故很不幸，完全有可能交不起续期保险费。但这样的问题通常会出现在一些特定的人群中，比如单位效益不太好，工作技术含量较低，文化程度偏低，本人再就业能力存在问题等。但通过分析我们知道您并不属于这个人群范畴，所以，不会有这个问题发生。”

郑先生：“对，目前来说我的确收入不错，工作也比较稳定，但公司裁员是常事，说不定哪天老板看我不顺眼，就炒了我的鱿鱼，我不就没有收入了？”

小路：“怎么会呢？依您的职场经验和业务能力，老板怎么可能会炒了您呢？再说，现在《劳动法》对劳动者利益的保障更多了。而且，就算您在一个地方收入暂时中断一年半载的，也不会伤筋动骨呀，是不是？”

郑先生：“可别这么说。我还真是指着这些收入养家糊口呢！”

小路：“呵呵！不过，从理财角度讲，收入是生活稳定乃至富裕的经济来源和基础之一，还有一个基础就是赚的钱如何管理和使用。比如用于科学饮食和健身锻炼的消费，能为您带来健康的身体；用于充电学习、愉悦身心的费用，能让您获得精神享受；用于金融或其他投资的费用，能给您带来未来的经济收益；用于购买保险的费用，能为您构筑抵御疾病、防范意外风险、解决养老问题的保障体系。郑先生，您已经非常认同保险的重要性了，至于续期保费问题，我想只要您确定保险是生活中不可缺少的部分，就会有办法保全您的保险利益。即便万一在最困难的时候，您也可以放弃其他消费或者投资，来保护您的保险权益，是这样吧？”

郑先生：“嗯，的确是你说的这样。”

保险销售话术360°全解：

担心经济状况改变难以续保，是不少准备购买保险的客户所担心的问题。这个世界变数太大了，到处充满了诱人的消费广告，用钱的地方也的确很多。今天买了保险，交出去很多保费，如果购买的是长期保险，意味着需要承担长达10年甚至20年交纳续期保费的问题，到时候真的交不起了，损失一定会比较大。

面对投保人的这种顾虑，本节实战情景中推销员的解决方法是，给客户说明在哪些情况、哪些人群中会发生无钱续保的问题。另外，用实例让客户了解只要时刻把保险意识放在心上，发生无钱续保的几率是很小的。

话术方式和策略

1. 避免语言过于专业

客户：“我担心以后经济出现困难时，续保会成问题。”

保险销售员：“当客户发生续保困难的情况时，我们保险公司会采取三种措施：一是给客户两个月的宽限期；二是自动垫付；三是减额缴清。有了公司的这三种措施，就算您经济状况发生改变，续保应该也不成问题。”

客户：（什么是宽限期？什么是减额缴清？）

保险销售员在给客户推介保险产品时，不可避免地要涉及很多专业知识、专业词汇、专业术语，但大多数客户并不能很好地理解。在传达这类专业信息时，保险销售员不能简单、直接地用专业化词语向客户解说。

为了正确而又浅显易懂地传达信息，保险销售员可以在纸上写下关键的专业词，然后以口语化的语言来解释，比如，对“宽限期”，保险销售员可以这样解释：给您打个比方，假如您的这份保单应该是在五月十号交费，但这期间您的手头并不宽裕，您办好相关手续之后，公司就会允许您在七月十号之前交上保费，中间的这两个月，您虽然没有交保费，但是我们签订的保险合同仍然是有效的。这样，就能够避免保险销售人员说得天花乱坠，客户却一头雾水的情况发生了。

2. 避免肆意夸下海口

保险销售员：“这个您尽管放心，绝对不会出现这种问题，我们有两个月的宽限期，公司还可以无条件为您垫付，绝对不会出现这种问题的。”

客户：（真的像你说的这样好？我看还是算了吧。）

很多客户都可能会担心自己将来的经济状况发生改变，从而不能续保，保险销售人员在应对客户的这一类异议时，既要将实际可能发生的情况讲清楚，又要尽可能消除客户的担心与顾虑。同时要注意，在消除异议的过程中，最重要的是不能把话说满，不能信口做出没有任何依据的承诺。否则一旦期许与承诺不能兑现，客户将丧失对保险销售员以及保险公司的好感与信任。

专家建议

当客户担心经济状况改变难以续保，继而产生投保异议时，销售员可以用简洁的语言告诉客户遇到资金紧张的情况时，保险公司可以采取减额交清、保费垫交、合同转换等多种方式，让保单继续发挥风险保障作用。

模板3 只要基本保险就够了：有了全方位的保障，才能有更完美的生活……

实战情景：

客户白女士："小范，我看了你给我的保险计划书，我个人觉得你为我设计的险种太多了，这样一来保额就有点多了，保费自然也多了。我觉得15万元的保额对于我来说就足够了，你设计的女性保险、重大疾病保险这些似乎没必要，因为这在我的基本医疗保险里都有，我只需要一个养老保险就足够了。"

范先生："白女士，假如在5年前，要是您不说，我也会给您设计一个定期的寿险，并且这些重大疾病、女性保险统统都不考虑。但是现在不同了，您作为一个母亲，有自己的孩子，您又是个女强人，您的家庭责任感又很重，您要对您的家庭负责，而我也要对您负责。"

白女士："我并不是你说的什么女强人，我只是个事业心比较强的女人而已，同时我又是个顾家的女人。所以我对家庭负责任是应该的，至于你说的你对我的家庭负责，我倒是有兴趣知道到底是怎么一回事。"

范先生："您现在的家庭生活、教育开支每年大概是5.2万元，而按照这个数据计算，15年内你要支出78万元。而现在人们非常注重健康，因此，您和您的家人都会进行身体健康检查，而女人过了25岁之后，每年都要进行常规的妇科检查，因此，女性保险是非常适合您的。生病住院的花费大家都知道是多么的沉重，其中还有一部分药费是要自己承担的。而有了重大疾病保险，那么这笔费用又可以节省下来，我这么设计其实就是为您和您的家人着想。”

白女士：“我怎么还是觉得你只是想让我买更多的保险，而不是为我着想呢？”

范先生：“白女士，我想您误解了。我在为您设计这份保险的时候，并不是本着设计险种繁多而不实用的保险为目的的，我也不想让您承担过多的保费，我只想让您得到全方位的保障。您想减少保额，或者减少险种这件事情不是我说了算，也不是您说了算。”

白女士：“那我就更加不明白了，那是谁说了算呢？”

范先生：“是您的家人啊，您的孩子和您的父母啊。您是他们的依靠，只有您拥有了全方位的保障，他们的生活才有了保障。您非常爱您的家人，您肯定不希望自己对他们的爱打折扣是吧？而您的这份保障也不应该打折扣，不应该留下漏洞和空白，您说对不对？”

白女士：“其实你替我想得挺周全的，我应该感谢你。”

范先生：“您客气了，这是我们的职责，我们就是要给客户提供最符合客户需要的保障，而不是名目繁多的对客户没有帮助的保障。”

白女士：“要是多几个像你这样的保险销售员就好了。”

范先生：“其实卖保险，大家的出发点都一样，只是有的人方式用错了而已。您看看您对这份保单还有什么疑问吗？要是没有疑问的话，您就可以签字了。”

白女士："嗯，好的。"

保险销售话术360°全解：

很多客户不接受高额全面的保障是因为他们对保险计划的意义与目的缺乏正确的认识，因此他们宁愿选择保额较低的基本保障而不愿意接受高额全面的保障。针对客户这样的异议，保险销售员首先应该郑重地表明自己的原则与立场，要让客户认识到高额全面的保障不是为了自己赚取更多的利益，而是为了满足客户的需求，通过这种方法取得客户的信任。

除此之外，保险销售员要根据客户的实际经济情况，设置"悬念"去吸引客户的兴趣和爱好，从而引出客户最关心、关爱的家人作为重要力量，来打动和说服客户，化解客户对保险计划险种和保额的异议。

话术方式和策略

1. 以客户的需求和实际情况为依据

客户："现在经济那么紧张，谁还有闲钱来买保险啊。"

保险销售员："连您都觉得经济紧张，生活压力大，那么假如让您的家人来承担，您愿意吗？"

保险销售员制订的保险计划是否完美、理想，并不是保险销售员说了算，而是客户的需求和实际情况说了算。保险销售员制订的保险计划必须能解决客户目前所面临的一些严峻问题，能满足他们某些迫切的需求，从而引起客户的兴趣，使客户形成强烈的购买欲望，这才是最重要的。

因此，我们可以这么说，客户的需求是保险销售员制订一份保险计划的重要前提。因此，客户对保单的保额和险种提出异议时，保险销售员应该及时将话题转回客户的现状和需求上，通过分析客户现状，刺激其需求，让客户意识到保险对他的重要性。

2．给客户留情面，顾及客户的感受

客户："我觉得这15万元的保额就够，而且险种也是一种就够了。那么多险种，到时候我也记不住的。"

保险销售员："××大姐，您是因为支付起来有问题吗？那您为什么不早说呢？那我可能就不这么制订了。"

客户：（我不是买不起，我只是想知道这些险种到底有没有必要而已。）

客户找借口只选择基本保险而不选择高额、保障全面的保险是由客户自身对保险的认识决定的。保险销售员在遇到客户以此为借口拒绝购买高额保险的情况时，不要直接主观猜测，这样容易引起客户的不满。正确的做法是要直接将话题转回客户的需求，委婉地问清楚客户只选基本保险的原因，要让客户认识到保障全面的保险对客户的重要性。

专家建议

客户对高额保险认识上存在误区是因为客户觉得这与自己的需求有偏差，作为保险销售员要学会将客户的需求和现状与具有高额保障的保险联系起来，让客户产生购买欲望。

第七章

应对客户借口的话术：搞定客户，高效排除客户的借口

借口始终是站不住脚的理由，保险销售员在面对客户的拒绝时要始终坚信这一点。只有这样，保险销售员才能轻松排除客户的借口，搞定客户，促成交易。

实战情景1：如何应对客户的“三没”

模板1 没钱买：正是钱少的时候才更应该买保险，更何况您……

实战情景：

客户林先生：“我倒是想给我和我的家人买保险，这样能在经济不景气的时候保障我们的生活，但是我现在没钱买保险。”

保险销售员小石：“没钱买保险？也许是这样吧。但是您必须知道一个情况，就是在经济不景气的情况下，很多公司都进行裁员或者是减薪。假如您所在的公司因为运营情况

出了问题，为了减少公司的运营成本，您的老板下发了一套解困方案——全公司所有员工一律减薪20%，接受这个条件的人留下，不接受这个条件的人立即离职。那么您会如何选择呢？是拿着微薄的离职金走人呢，还是接受减薪20%的安排？相信您为了一家老小，肯定是接受老板苛刻的条件，继续留在公司。而现在我不需要您拿出收入的20%，我只要您拿出收入的10%就可以购买到能够让您一家大小避开风险的保障，这个条件您不能接受吗？”

林先生：“我倒是想买啊，但是我去哪拿那么多钱啊？”

小石：“我想您误会了，这并不是要您一次就拿出三四万元买保险。您可以按年缴费，一年也就几千块钱，分摊到每个月也就几百块钱。您可能会认为保费多，但是您有没有想过小孩的生活费用、教育费、医疗费以及照顾老人的费用，这才是一笔无法估量的费用。您现在钱少才更需要买保险，来保证无论您遇到什么情况这些开销您都能拿得出。而保险就可以让您做到这一点。”

林先生：“道理谁都懂，但是拿不出钱，我们能怎么办呢？我们家的宝宝才8个月大，我们夫妻俩人的工资供孩子都困难了。”

小石：“可不嘛！你们小两口的收入本来就不高，现在还要养孩子，生活的确是拮据点儿。不过，依我看，像咱们这样的人更需要保险的保障。因为我们这样的家庭比别人更经不起风雨，您说是吧？因此，我想，虽然您经济上不十分宽裕，但是在我们力所能及的前提下，还是应当多考虑一下自己的风险保障问题。根据您家的经济状况和您个人的实际情况，我专门为您设计了一份保障计划，交费不算高，但保障很合理，您看……”

小石：“您想拥有什么样的保险，您的财力状况如何，能承担的保费额度，这些我们都会考虑。这样不仅能保障您全家的生活，又能让您轻松支付保费。这样的保险才是适合您的保险，您说是吧。”

林先生：“你真好，为我们考虑得这么周全。”

小石：“这都是我们保险销售员应该做的，为客户提供适合他们的保障是我们的服务宗旨，也是我们的荣幸。”

保险销售话术360°全解：

保险销售员在推销保险时，最常遇到客户的拒绝借口就是“没钱买”。其实，有时候客户并不是真的没有钱买，而是他们拒绝购买的借口。面对这样的情况，保险销售员首先不要轻易相信客户的话，甚至可以适当地运用恭维的手段去赞美客户有钱，满足其虚荣心。然后当客户的虚荣心得到满足之后，保险销售员可以具体向客户讲述保险对生活具有哪些保障作用，努力去说服客户，让客户产生一种认同，那就是保险是每个人都需要的，无论有钱没钱都应该购买一份能够给自己提供保障的保险。

保险的额度、保费以及保障的范围，这些都是客户所关心的问题，作为保险销售员在为客户设计险种和保险计划的时候，要根据客户的实际需求，同时抓住客户所关注的问题，进行有针对性的设计。

话术方式和策略

1. 没钱更应该买保险

客户："我是真的没钱，我一个单身汉，一个月交完房租、水电费、电话费，都够我受的了，哪有钱买保险呢？"

保险销售员："对啊，没钱的时候更应该买保险，因为我们没钱人一旦遇到风险就会身无分文，再说您还没成家，将来成家的时候遇到什么风险，保险不就会给您提供一种保障吗？这简直就是雪中送炭。"

因为没钱，所以拒绝买保险，这个理由很合理，但是有一点不足，那就是没有危机意识，而买保险正是防范危机的一种有效方法。保险销售员要让客户明白没钱的时候更要有危机意识，要防范危机，这样才能在危机到来的时候有一份保障，从而使客户下定决心购买保险产品。

2. 买保险就是花小钱办大事

客户："没钱就不买呗。"

保险销售员："没钱买药就不看病吗？其实很多事情关键是感觉它重要不重要，值得不值得。像保险这样的事情就是把钱花在刀刃上，然后在最需要的时候花小钱办大事。也许您一天少吃10块钱零食并不会对您的生活有什么影响，但是这钱存在保险公司就能够换来上万元的保障，换来的是一生的平安，换来的是全家的幸福，您说这重不重要、值不值得？”

专家建议

保险不是奢侈品，没钱不是借口，不要轻信客户的这一借口。保险就是一种保障，只有让客户充分认识到保险的重要性才能让客户不再以“没钱买”作为借口。

很多客户宁愿把钱花在穿衣打扮、购买奢侈品上也不愿意购买一份保险。这是因为他们对保险有一个错误的认识，认为保险可有可无，并且认为没钱的时候更不能购买保险。作为保险销售员，你要让你的客户投保，获得成功签单，就要改变客户的观念，打消其“没钱就不买”的心理。

模板 2 没时间：保险销售人员都是最有时间观念的，我保证几分钟就可以让您……

实战情景：

一天，保险销售员小骆到××公司和该公司的经理小夏进行面谈。刚到她们公司，小骆就感受到了一种忙碌、紧张的氛围。当他敲门进入小夏的办公室时，小夏正在接电话，手上的笔还在手中飞快地书写着。等小夏打完电话之后，小骆才有机会和小夏进行交流。

小骆：“您好，夏经理，我是××保险公司的小骆，我想跟您……”

话还没说完，小夏头也没抬地说了一句：“对不起，我现在很忙，正准备开会呢，咱们改天再谈，好吗？”

小骆：“夏经理，我知道您很忙，这从您今天的成就可以看得出来。不过您放心，我不会占用您过多的时间。7分钟的时间，只要给我7分钟让我给您提供一个能够确保您经营成果的方法。假如您对我所提供的方法感到满意，那么我们继续谈下去，要是您不满意，我马上告辞，您看好不好？”

客户小夏：“嗯，好的，你说吧。”

保险销售话术360°全解：

和“没钱买”一样，“我很忙，没时间”只是客户拒绝保险销售员惯用的一个借口。当保险销售员首次遇到客户以这样的借口拒绝时，可以礼貌地道歉并及时约定下次谈话的时间。但是如果多次遭遇客户这样的拒绝，则应想办法用诚意打动客户，用时间限定法请求客户答应几分钟的谈话时间，然后充分利用这点时间引起客户的兴趣，从而使之发展成为一个继续销售的机会。

此外，在与客户约定下次再谈的时候，保险销售人员不妨以今后的时间和命运都是未知的来暗示和打动客户，让客户有一种时不我待的紧迫感，并珍惜这次谈话机会，做出让步。这样更有利于应对客户的借口，搞定客户，促成交易。

话术方式和策略

1. 面对客户的拒绝，要礼貌地道歉

客户：“对不起，我没时间，我正在开会。”

保险销售员：“对不起，打扰您了，那等您开完会我再跟您约定下次面谈的时间吧。”

当客户告知保险销售员“很忙，没时间”的时候，保险销售员首先应该礼貌道歉，同时要及时抓住时机跟客户约定好下次面谈的时间，这样不仅能让客户感觉到你是一个有礼貌、通情达理的人，同时也很容易让客户给你一个推销保险产品的机会。

礼貌，是一个人的基本素质。作为保险销售员，礼貌更为重要，面对客户的拒绝，假如不停地追问，只会引起客户的反感，无法成功地约见客户进行面谈。相反，一个知道用礼貌的语言去征服客户的保险销售员，才更容易打动客户的心，更容易赢得成功的机会。

2. 用时间观念征服客户

客户：“对不起，我正赶着时间办事呢。”

保险销售员：“时间对于每一个人都非常宝贵，我们保险销售员是最具有时间观念的人。这样吧，为了节约我们的时间，我就占用您3分钟的时间。假如在3分钟之后，您对我说的不感兴趣，那么我就告辞，以后再也不打扰您了，您看怎样?”

每个人都希望别人守时，同样保险销售员在和客户面谈的时候，不妨也利用自己守时的特点在有限的时间内将客户最想获取的信息传递给他，这样会引起客户的兴趣，当时间到时，要准时告辞，即使客户意犹未尽也应如此，这样能够使客户主动与你约定下次面谈的时间，加大签单的成功率。

专家建议

保险销售人员面对客户“没时间”的借口，要充分表现出自己的守时性，并要在短时间内引起客户对保险计划的兴趣，然后在约定时间到达之后马上告辞，让客户主动提出下次约见的时间，这样谈话的主动权就掌握在自己手中了。

模板3 没兴趣：那换个说法，您一定对晚年会过什么样的生活感兴趣吧

实战情景：

保险销售员小谭：“您好，郑先生！很高兴认识您，我是××保险公司的小谭。您的企业规模可真大，设施那么先进，一个车间应该有不少人吧？”

郑先生：“保险公司的？你找我有什么事情？”

小谭：“其实也没什么事，介绍我们认识的人既是我的朋友，又是您的朋友，他就是大德集团的周德先生。他亲口跟我说，您是一位好客的人，他还说您经营企业有方，在很短的时间内就能将企业做大做强。您现在生意做得很兴隆，因此我也想亲自来观摩一下！”

郑先生：“哈哈，这老周可真会抬举我。好吧，既然你是老周的朋友，那么你先随便看看吧，我还要准备一个海关报关资料。”

这时候小谭为引起郑先生的注意，故意从包中拿出一张与保险有关的报纸，然后大声地说：“郑先生，这是我们公司的内刊《××客户速递》，专门送给客户看的，您抽空浏览一下吧。”

郑先生：“十分抱歉，我对保险不感兴趣！”

小谭故作惊讶状：“啊？原来您和我是一样的想法。”

郑先生非常惊讶，于是再次问道：“你说什么？”

小谭：“我过去对保险也不感兴趣。”

郑先生：“一个对保险不感兴趣的人居然去从事保险工作?”

小谭：“我虽然不喜欢保险，但是我觉得保险对我们的生活却非常重要，这对于任何人都一样，也包括您，郑先生!”

郑先生：“对不起，也许刚才你没听清我说的话，我再说一遍，我对保险不感兴趣!”

小谭：“您对保险没兴趣，那么您对您晚年能否过上幸福的生活感兴趣吧?”

郑先生：“那当然了，现在奋斗还不是为了以后生活好点嘛。”

小谭：“可不是嘛。其实保险的意义就在于防范未知的人生危机，人就要有忧患意识，防微杜渐。尤其是您这样的企业家，要对自己的人生负责，同时也要对您的家人、您的员工负责。如今您的经济实力足以让您拥有一定的抵御风险的能力，但是，即便如此，也比不上保险有效、有力。因为保险是以小博大，可以起到独当一面甚至是多面的作用。像您这样精明的企业家，这一笔账应该算得很清楚。”

郑先生：“我的精力平时不放在这上边，对保险基本没什么了解。”

小谭：“这种现象很正常，就像我一个卖保险的，对企业经营之道也是完全不了解。正所谓隔行如隔山嘛!”

郑先生：“确实，隔行如隔山!”

小谭：“我刚才放在您桌上的那份《××客户速递》是公司专门为客户打造的一本内部刊物，这一期的上面正好有一篇有关企业的理赔案例呢，您看就在报纸的第三版。”

郑先生：“嗯，那你认为我应该购买什么保险好?”

小谭："其实，每一种保险都很好，只是每一种保险的功能和保障范围不同而已。像您是侧重于养老、健康医疗还是个人身价呢？您投保的对象是您的家人还是自己？假如是个人的话，您的投保金额是选择80万保额还是100万保额？"

郑先生："我相信你，那你先给我设计一个合理的投保计划吧。"

保险销售话术360°全解：

当客户坚持表达出自己对保险没兴趣、不想购买保险时，销售员不妨在肯定对方想法的前提下，告诉客户不买保险有可能存在的风险，而购买保险之后，又将获得哪些收益，让客户自己权衡利弊，找到购买保险的理由。

保险销售员首先要明白，客户表面上提出拒绝，但实际上他对产品未必一点兴趣也没有。有的时候，客户对产品越有兴趣，他思考得越细致，因此提出拒绝的可能性也就越大。在保险销售中，客户提出的拒绝购买保险的借口可能会对保险销售存在一定的影响，但是销售人员必须清醒地认识到，这可能只是客户的一个借口。

销售人员可以在客户提出拒绝借口时，换一种方式，将客户的注意力转移到另一方面，从而实现问题的转化，这能够激发客户的购买兴趣。因为根据心理研究表明，越是难缠的客户其投保的潜力越大，对保险的疑问越多、挑剔越多的客户往往是最需要保险的人群。因此，保险销售人员在遇到难缠的客户时，要想方设法接近他们，而不是轻易放弃。

话术方式和策略

1. 肯定逼近法

客户："我没兴趣买保险。"

保险销售员："没兴趣就对了，保险又不是一种爱好，没人喜欢它。其实很多人买保险也不是因为对保险感兴趣，而是出于对自身保障的需要。"

客户说自己对保险"不感兴趣"其实就是对保险的一种抵触态度，这需要保险销售员去肯定客户的看法，然后再提出让客户"感兴趣"的办法，让客户明白保险的保障功能是其最基本的功能，这与兴趣无关。让客户明白，可以对保险"没兴趣"，但要对于人生的保障"有兴趣"，这样才能激发客户的兴趣，让销售工作继续下去。

专家建议

客户不感兴趣是因为对保险的理解存在偏差，而作为保险销售员，学会以利益为王牌，让客户看到保险给客户带来的利益，让客户明白放弃保险就是放弃利益，从而让客户改变"没兴趣"的态度。

2. 利益诱导法

利益诱导法是指保险销售员应对客户"没兴趣"了解保险的时候，利用保险的多重功能去"诱导"客户，让客户明白其拒绝保险其实就是在拒绝利益。利益的获得是保险销售中说服客户最强有力的理由之一，客户不会轻易放弃对利益的追求。保险销售员抓住这一点，就能将客户的兴趣激发出来。

实战情景2：客户有意拖延怎么办

模板1 考虑考虑再说吧

实战情景：

保险销售员小彭："张先生，前两天我为您特别制订的保险计划书您看了吗？"

客户张先生："看了，做得很好。"

小彭："那您能跟我说说您对这份保险计划书考虑得怎么样了吗？"

张先生："小彭，正是因为这是一份比较不错的计划书，我才要更加仔细地考虑，你也不必太心急了，等我考虑清楚了再跟你说，你看怎样？"

小彭："张先生，您的意思是说您对我为您制订的这个保险方案是认同的，只是想过一段时间考虑清楚了再买，是吗？"

张先生："小彭，你真聪明。是的，我就是这个意思。"

小彭："张先生，一看您就是做事谨慎的人，并且这对于买保险来说也的确非常重要。我们所购买的保险一般时效性都很长，有的甚至是几十年，这是对我们后半辈子的保障。但是有一点我还是得说一下，这保险可不是什么时候都适合买的。"

张先生："哦，那你给我说说保险什么时候买最合适。"

小彭："如果我没记错的话您是十一月份生的，所以您在十二月份不适合买保险。因为我给您设计的这份保险有年龄限制的，年龄增加一岁每年保费就要多好几百块钱，那么二十年累积下来就是一两万；来年的一月、二月也不合适，因为快过年了，每一家都要预留一大笔资金用作过年时走亲访友的开销；三月、九月正值孩子开学期间，需要给孩子预留学费，也不适合；五月、十月是难得的小长假，适合带着家人外出旅游，这又要花一大笔钱；七月、八月份正值暑假，要给孩子留钱上各种兴趣班、补习班，所以也不合适。”

张先生：“你这么一数，好像没有哪个月是适合的啊？”

小彭：“还有六月份啊，也就是现在。您看，现在买，不会给家庭增加太大压力，又正好赶在您生日之前办理，这不是给您节约了一两万元的开销吗？这样的机会可不能错过啊。”

张先生：“小彭，我算是服了你了，你确实与其他销售员不同，好吧，你需要我在哪里签字？”

保险销售话术360°全解：

在保险销售中，保险销售员有时候会遇到客户延迟做决定的情况。遇到这种情况，保险销售员首先要弄清楚客户延迟决定是对保险方案存在异议还是只是找借口敷衍。如果发现客户对于保险方案并无任何异议，只是想拖延时间，那么销售人员就可以想办法让客户感到保险需求的紧迫性。

能否抓住购买时机，关系到客户的现实利益。保险销售员要学会运用事实罗列，让客户明白抓不住有利时机购买保险带来的害处，同时要让客户知道如何才能抓住正确的时机，这样就可以避免客户拖延决定了。此外，保险销售员还可以运用浅显易懂的比喻，让客户从比喻中深入理解保险的意义与价值，改变拖延的态度。

话术方式和策略

1. 主动请教、询问客户，直到确认客户存在的真实异议

保险销售员："我为您制订的这份保险计划我仔细研究了好久，发现无论是从它的收益还是从投保费用来看，都特别适合您。但是您迟迟没有决定选择它，我想您一定有什么顾虑吧。假如您把我当成朋友，那您不妨告诉我，我们一起想办法解决。"

客户："其实也没什么，就是想考虑清楚了再决定买。"

保险销售员："其实您不必担心您不购买我为您制订的保险我会有想法，实际上我是真的想帮助您解决您遇到的困难。您能跟我说说是什么情况吗？"

客户："其实就是最近遇到了点困难，资金紧张，无法周转，所以我才要延迟决定。"

有时候，客户延迟自己的决定是因为他们确实遇到了一些困难。遇到这种情况，保险销售员应该主动询问客户原因，并积极地给客户提供一些解决问题的方法。正如中国古话所说的"买卖不成仁义在"，这样有利于扩大保险销售员的人脉关系，得到帮助的客户可能会将更多的潜在客户介绍给保险销售员，这对提高销售业绩非常有效。

2. 向客户阐明及时投保的重要性

客户："保险早买晚买都一样，买个投保时间长达十几二十年的保险项目，也不急这一刻是吧。"

保险销售员："××女士，我想您对保险可能有一些误解。其实是这样的，投保的时间越晚，购买保险者的年龄越大，缴纳的费用就越多。并且即便投的是同一个保险产品，因为投保时间有差别，所享受到的收益时间也会有差别的。"

专家建议

有时候客户的一句"再考虑几天"就把保险推销员拒之门外。面对这样的情况，保险推销员应该打探清楚客户延缓决定的真实原因，这样才能够有的放矢地解决客户延缓决定的问题。

很多客户认为，自己提早投保其实就是把钱交给保险公司，让保险公司多赚点钱，其实保险的最终受益人还是被保险人。因此，越早购买保险，被保险人所要缴纳的保费也就相对少一些。保险销售员在推销的过程中要向客户解释清楚这一点，让客户及时投保。

模板 2 我再综合看一下吧

实战情景：

客户霍先生："小周，这款保险产品你已经介绍得很清楚了，并且把这款保险的优势和不足都跟我说了，我非常满意。我知道你是为我好，才推荐这一款保险给我。但是买保险就是为了保障，买保险也不是买菜这样的小事，这保险的费用可不低啊。所以为了买到最适合我的保险，我想把你们公司的这一款保险和其他保险公司同一型的保险比较一下。"

小周："霍先生，在您将我们公司的这一款保险与其他保险公司的进行对比之前，我想问您一下，您对这份保险计划设计的险种、保障额度、保障范围，以及每年要缴纳的保费，这些内容中的哪一项还有不满意的地方？”

霍先生：“小周，你别误解我的意思，我只是想比较一下而已。你设计的这份保险计划挺好的，挺适合我的。”

小周：“那么说，您的意思是您认同这份保险计划，只是想跟其他公司的产品对比一下，对吗？”

霍先生：“是的，我的意思其实就是这样。”

小周：“其实不管买什么东西，都要货比三家，这样才能选择出真正适合自己的产品。您的这个想法是我们每个人都有的，我也非常赞同这个想法。有了比较才能分出优劣胜负，才能看出哪一个保险公司的哪一款保险产品最适合您，您说是吧？”

霍先生：“小周，你这话说得有道理极了。”

小周：“那您目前是否接触过其他保险公司呢？”

霍先生：“我一个朋友买的是××保险公司的保险。”

小周：“那在您看来××保险公司他们的优势是什么呢？”

霍先生：“小周，你这不是考我吗？我又不是业内人士，怎么知道××保险公司的优势呢？”

小周：“霍先生，那咱们暂时不谈论××保险公司的优势，咱们先谈谈保险对您和家人的生活来说重不重要。”

霍先生：“你看你，要是保险不重要，你也不会花费一下午的时间和我谈了。而且你还给我介绍了那么多适合我的保险产品，要是不重要我也不会在这听你说一下午了。”

小周：“那我跟您说的这些，您觉得保险最重要的部分在哪里？”

霍先生：“这……”（一时答不上保险销售员小周的问话）

小周：“打个比方吧，假如有一天，您的一位朋友不幸出事了，那您第一反应是问他家人‘投保投了多少保额’还是‘投的哪一家保险公司’呢？”

霍先生：“当然是问他‘投保投了多少保额’。”

小周：“其实我的想法和您一样，要是我，我也会这么问的。这其实就验证一句话，只有意外和风险来临时就已经生效的保单，才是最好、最便宜的保单，您说对不对？”

霍先生：“对。”

小周：“所以，霍先生，与其观望，不如马上投保。至于您说要比较，其实比的无非是险种、保障额度、保障范围、服务态度这些内容，前面这些咱们已经确认过了，您对我设计的保险计划非常满意，那么就剩服务态度了，那我先问您一句，您对我的服务态度满意吗？”

霍先生：“当然满意了，你是第一个听说我要比较一下，还这么有耐心的人。”

小周：“那霍先生您就可以放心，我们公司的所有人员的服务态度都只会比我更好，不会比我差的。”

霍先生：“嗯，也是这个道理。那好吧，我也不比较了，看你态度这么好的份上，就选你们公司吧。”

保险销售话术360°全解：

案例中，保险销售员针对客户提出“综合考虑”的拒绝借口，首先表示了肯定，其次将话题转移到保险能给客户家人全面保障上，再次将话题引申到一个假设的情境之中，让客户主动做出选择，选择以服务取胜的保险公司进行投保。

客户提到“再综合考虑一下”，其实是在给保险销售人员敲警钟，它传递着一个信号，那就是保险行业竞争异常激烈，客户可以接触到多家保险公司，甚至他们可以通过网络平台来比较各家保险公司同种类型保险的优劣，从而做出最符合自己利益需求的选择。

话术方式和策略

1. 正确对待竞争对手

客户：“我想把这一种保险和××保险公司的同一种保险进行对比。”

保险销售员：“好的，如果您不介意的话，我这里有好几家保险公司同一款保险的分析，您可以通过我的分析看到各家保险公司的优劣。”

不管从事任何职业都要遵守职业道德，这就包括对同行的尊重，比如不可以随意诋毁和攻击竞争对手等。虽然说“同行是冤家”，保险销售人员在与客户接触的过程中，也不可避免地遇到同行，但是尊重同行是保险销售人员应该遵守的职业道德规范。要想在遵守职业道德规范的同时拿下订单，保险销售员就要在为客户设计险种的时候，对同行中这一险种的设计进行深入了解，这样才能在客户提及同行比较的时候给予客观公正的评价参考。

2. 与客户一起进行比较和探讨

客户："我还是想自己回去比较分析一下。"

保险销售员："××先生，您知道如何才能进行专业的比较吗？为了减轻您的负担，我特意从保费、保险责任、售后服务、免责范围等方面对比了我给您设计的这个险种和别的公司的同款产品。您看，这些资料的各项数据都在这里，一目了然。您要是看了我的这些分析数据还是觉得不够清楚的话，您可以问我。"

专家建议

为了应对客户提出的"综合比较分析各保险公司的同一险种"的要求，保险销售人员应该在为客户设计险种的时候就做好各公司同一险种的数据分析工作，掌握比较的主动权，这样更有利于销售的完成。

有的客户不相信保险销售员所做的数据分析，认为保险销售人员是站在自己公司的立场上，这样分析出来的数据会有失偏颇。其实保险销售员最明智的做法是将主动权掌握在自己手里，与客户当面一起来进行产品的比较和探讨，在对各家保险公司的同类险种进行权衡比较时，让客户看到保险销售员的正直品质和负责的态度。

模板3 我和儿子商量一下

实战情景：

客户汪女士："小孟，你为我设计的这份保险计划，我个人非常满意，并且完全能接受你这份保险计划。但是你也知道，我老了，我们家就我和我儿子两个人，这笔保费数目不小，我想回去跟我儿子商量一下。”

保险销售员小孟：“汪女士，您的这个想法我能理解。人老了，有什么事情还是要跟年轻人商量商量为好。那么您的意思是，这个保险方案您没有意见了，假如您儿子同意您购买的话，那么这个保险计划就确定下来了，是吧？”

汪女士：“对，就差回家征询我儿子的意见了。”

小孟：“汪女士，您这可是给您的儿子出了一个大难题啊。”

汪女士：“我只是征询他的意见而已，怎么变成给他出难题了？”

小孟：“因为您购买的这份保险计划的目的就在于获得保障，在您最需要帮助的时候能够获得保险公司给予您的足够保障，同时这还能保障您家庭的生活。您想想看啊，他是这份保险的受益人，他获得补偿的前提是您发生了什么，这是您儿子最不愿意看到的事情，您说是吧？但是假如您真的在将来的某一天发生了什么，他会后悔自己当初没有赞成您购买保险。您说，您这样做是不是给他出了个难题呢？”

客户汪女士：“那可怎么办？这么大的事情不能不跟他商量是吧？”

小孟：“要商量也行，要不咱们约您儿子当面一起讨论，看看他对这份保险计划有什么异议，要是有的话咱们再改进，但是最后还是由您决定是否购买。您看这样行吗？”

汪女士：“好的，这方法好。”

小孟："那您儿子什么时候有空?"

汪女士："周六、周日都行。"

小孟："好的，那咱们约定这个周六在您家小区附近的川菜馆见面，一起讨论这事吧。"

汪女士："行，没问题。"

保险销售话术360°全解：

保险的保障作用关系到客户全家的利益。保险费用的支出虽然只占生活开支的一小部分，对家庭的基本生活不会造成太大影响，但是它毕竟是家庭开支的一部分，因此客户在购买保险的时候，避免不了和家人商量一番再做决定。

对于客户说的"与家人商量一番"，保险销售员要认真分析这一句话背后是否隐藏着什么，要确定客户是真的出于对家人的尊重还是出于其他顾虑或异议。保险销售员只有真正掌握客户的想法，才能针对客户的情况实施具体解决方案。对于只是因为疑虑而故意推延购买决定意愿的客户，保险销售员应该对其进行积极暗示，激励客户自主做出决定；对于坚决要与家人商量再做决定的客户，保险销售员应该主动和客户约好下次拜访的时间和地点，创造再次拜访的机会。

话术方式和策略

在遇到客户"想和家人商量一下再做决定"的说法时，

保险销售员可以采取以下四个步骤进行处理：

1. 倾听理解

客户：“平时一家人有什么事情都是一起商量的，买保险这件事情不跟家里人商量，好像不太好。”

保险销售员：“××先生，您的担心我能理解。所谓家人就是有事就一起商量的亲人。而保险又是一家人收益的保障，所以，这事是得跟家人商量一下。”

保险销售员要耐心倾听客户所关注和担忧的事情，要对客户的想法与观点表示尊重和理解。只有从客户的立场上去理解客户，才能更好地了解到客户推延决定的根本原因所在，从而更好地通过暗示、激励等手段去促成客户下定购买决心。

2. 澄清确认

保险销售员：“先生，您的意思是您对这份保险计划书没有任何异议，只要和家人商量一下并且他们没有异议就可以签字了，是吧？”

客户：“是的。”

在与客户谈话的过程中，客户提出要和家人商量一下，可能是因为他对保单条款存在疑虑，也不排除他为了隐藏自己真实想法而故意找借口来搪塞敷衍保险销售员，因此保险销售员在和客户谈话的时候要澄清和确认实际情况。

3. 异议处理

客户：“我必须听听家人的意见，每个家庭成员都有发表自己意见的权利。”

保险销售员："尊重家人是应该的，但是为家人买保险，其实就是在给他们提供一个温暖的家以及衣食无忧的生活。您作为一家之主，这是无法逃避的责任，除非您把这一家之主的权利丢给您的家人，否则您应该自己决定。"

专家建议

对于有些客户来说，保险是家庭理财的一部分，是家庭生活中的一件大事。因此，购买保险前，他们会想要和家人商量一下。在销售过程中，保险销售员要尽量避免单方面鼓动客户购买，应该先把客户的疑虑消除，然后再约定时间与客户的家人面谈，这样不仅能打消客户的疑虑，还能让客户感到保险销售员考虑问题很周全以及对他的尊重。

当了解到客户的异议只是为了拖延作决定时，应该对其作出解释或是提出解决方案。常用的方法有生活化比喻法、转移话题法、以退为进法、反驳法和倒推法等。

4. 请求行动

保险销售员："这份保单的受益人您希望是谁呢?"

保险销售员："对于这份保单您还有什么疑虑吗?如果没有的话，您是不是可以在这上面签字了，您现在签字，过了今晚12点您的保单就正式生效了。"

当消除客户的异议之后，就要抓住时机向客户发出迅速签单的请求，或者是和客户重新约定再次拜访的时机，这样会使销售成功的可能性大大地提高。

实战情景3：应对拒绝的几个方法

模板1 激将法：我可不相信……

实战情景：

保险销售员小金经过多方面的努力，终于取得了和新锐科技公司蔡总见面的机会。经过多方搜集资料，他对蔡总的情况有了一定的了解，于是他为蔡总量身制定了一份保险计划书，并与蔡总约好时间，要把计划书给蔡总送过去。两人见面一番寒暄之后，便开始就计划书的内容进行详谈。

小金："蔡总，您现在看到的这份计划书是我根据您个人的财务状况制订的，您看看还有什么地方需要改进的?"

蔡总："这个计划书设计得不错，但是每年要缴3.5万元的保费是不是太贵了?"

小金："蔡总，我给您设计的是终身寿险，您每年缴纳3.5万元，在您10年后将获得115万元的保险金额，而且期满之后每年可以领取1.2万元，生病住院还有每天756元的住院补助。其实买保险就是给家人、给自己买一份安心，您说是吧?"

蔡总："这样算起来，收益还挺不错的，但是我觉得还是有点贵了……"

小金："蔡总，我做的这份计划书可是完全根据您的财务状况制订的。并且，这点保费以您的经济实力来说，根本不在话下，您说是吧？并且您又是一个顾家的好男人，很有家庭责任感，您也不会因为这点钱而选择放弃对家庭的责任吧？关键是以您的财务状况，支付保费根本不成问题。"

蔡总："这个……好像也是，那好吧，我就按照你指定的这个计划投保吧。"

小金："还是蔡总明智，选择收益这么好的一个保险计划。要是我的经济能力和您一样，我也给自己买一份了。"

保险销售话术360°全解：

当客户看完保险销售员为其制订的保险计划书之后没有任何异议，说明客户的购买意愿非常强烈。但是假如客户对保险销售员的保险计划书表现出犹豫不决、迟迟不肯下决定的样子，那么保险销售员不妨适时运用语言对客户进行激将。例如，“像您这样顾家的好男人，怎么可能因为这一笔不多的保费而放弃您对家庭的责任呢？保费的这点钱对您来说不构成任何实质性的影响”……这样的话语更能让客户放弃犹豫，最终决定签单。

作为一个保险销售员，要有出众的口才就要了解人性，从人性的优点和弱点去击破客户的心理，这样能够帮助保险销售员顺利地打开保险销售的大门。而人性中“争强好胜”的这一特点特别适用于保险销售员在客户出现犹豫不决的态度时进行激将。保险销售人员在适当的时候使用激励的语言，更容易激发和坚定客户的购买意愿，促使客户立即下定决心，这也是促成签单的有效方法之一。

话术方式和策略

1. 激励的比较对象要选准

客户：“这个保险还是有点贵了……”

保险销售员：“×总，您真会开玩笑。您看，××公司的赵总和方总他们都买了保险，依您的能力，我觉得您应该买比他们保障范围更高的险种。”

有时候，为了激起客户的好胜心理，需要保险销售人员为客户选择一个比较对象。在选择这个比较对象的时候要注意选择那些与客户实力相当或略逊一筹的人，然后再使用激将法，这样更容易引起客户的优越感，让客户更容易接受保险。

2. 运用适当的激励语言

客户：“每年2万元的保费，这对于我来说实在有点儿贵了，我们赚钱也辛苦啊……”

保险销售员：“每个人赚钱都很辛苦，但是以您的经济状况，这每年2万元的保费，平均下来就是每个月1 600多元，还不及你月工资的十分之一呢，这哪能对你的经济状况构成威胁呢？何况您又是出了名的顾家好男人，我才不信您在意这点儿钱呢。”

激将法是促使准客户下定购买决心的关键所在，所以保险销售人员可以在推销的时候适当使用点激励性的语言。但是，有一点也要注意，那就是保险销售员在使用激将法时，语言使用要适当，要让客户听起来感觉合情合理、易于接受，防止过犹不及，引起客户的反感。

3. 激励态度要正确

客户：“还是有点贵……”

保险销售员：“其实对于您来说，这不算贵，是不是保障的范围不够呢？假如是这样的话，我可以根据您的要求来修改，或者是重新制订。保险就是保障，好的保险不在于贵，而在于合适，您说是吧。而这一款保险就是最适合您的，您要是觉得它价格贵而拒绝它，那就可惜了。”

> **专家建议**
> 保险销售员应对客户的拒绝时，要学会转变思维方式，有时候正面劝说无法奏效，不妨用一用激将法，这样也许能取得意想不到的效果。

保险销售员在和客户洽谈的时候态度要温和、语气要轻松、表情要自然，不要让客户觉得你很着急签单，这样会让客户感觉你只是为了个人利益，而没有为客户考虑周全。

模板 2 “正是……才”公式：正是因为您说的这样，所以才更需要……

实战情景：

刘女士和丈夫离婚后，独自一个人抚养4岁的儿子。刘女士在事业单位工作，收入稳定，再加上孩子的父亲每个月付给孩子800元的抚养费，刘女士和儿子的生活过得还比较好。但是刘女士没有想过为儿子购买商业保险，而保险销售员小英得知刘女士的情况后，主动找到刘女士，劝其购买商业保险。

小英：“刘女士，您好。我是××保险公司的保险顾问小英。”

刘女士：“××保险公司？我没有预约你，向你买保险啊。”

小英：“刘女士，您没预约我买保险没关系，我今天来是想跟您聊两句。”

刘女士："哦，你要聊什么呢？"

小英："刘女士，我想问您一个私人问题可以吗？"

刘女士："你问吧，但是我有权利不回答。"

小英："好的，是这样，听说您是一个人带着孩子，是吗？"

刘女士："是的，我相信我有能力抚养好我的孩子。"

小英："我姐姐也是一个人带着孩子，都挺不容易的，很辛苦。"

刘女士："有时候是辛苦一些，但是我能承受住。"

小英："刘女士，一个人那么辛苦，那你想过寻求一些方法来保障您和孩子的生活吗？例如购买商业保险之类的。"

刘女士："我一个单亲妈妈带着孩子，我没多余的钱购买保险。"

小英："正是因为您是单亲妈妈，您个人能给孩子的保障是有限的，因此您才需要寻找额外的更全面的保障来为您和孩子增加一道更强劲的保护，您说是吧？"

刘女士："我是想买，但是我的工资都是固定的，收入又不高，不知道怎么买。要是买了保险，影响到我们母子的生活，那将来我们该怎么办呢？"

小英："刘女士，这个问题您别担心。保险公司针对单亲家庭专门设计了一款险种来保障其生活，每个月缴纳的保费不会影响到您和孩子的生活的。"

刘女士："是吗？这一款保险是什么类型的保险？"

小英："这是一款保障型的险种，它能照顾您的孩子到成年，保费则是根据您的收入水平来定的，这个比例一般是您收入的10%～15%。这个收费比例应该在您的承受范围之内，并且不会对您的生活造成太明显的影响吧？”

刘女士：“这个倒不会，那你跟我详细说说吧。”

保险销售话术360°全解：

使用“正是……才”的句式，能让客户拒绝购买的理由变成必须购买的原因，对保险销售人员来说则能变不利条件为有利条件。之后保险销售员再进一步强调其险种优点，使客户对该险种的特性有更加全面的了解，巧妙地突出购买该险种的利益所在，加强客户购买的信心，这样成交、签单自然不在话下。

话术方式和策略

1. 以询问的方式挖掘客户拒绝的理由

客户拒绝购买保险的理由正如前面所说的“三没”——没时间，没钱，没兴趣，这些理由是保险销售员用以反驳客户的最好方式。正是因为没时间、没钱、没兴趣才要购买保险，这样才能给“忙碌”的客户拥有更全面的保障。

2. 攻其弱处

客户：“孩子现在还小，不着急买。”

保险销售员：“正是因为像您说的这样，才更应该为孩子的教育问题着想。为孩子准备一笔教育经费，万一遇到什么经济危机，还能保障孩子的受教育不受影响，假如现在不买，万一真的遇到经济问题，那么孩子的受教育权利怎么办呢？未雨绸缪总是好事，您说是吧？”

保险销售员遇到客户的拒绝，一般都是客户出于经济的考虑，他们对保险购买时间的认识上存在误区，认为越晚购买保险交的保费就会越少。保险销售员针对这一情况可以向客户解释清楚购买保险的时间和保费之间的关系，这样能够消除客户的误解，让客户有清醒的认识，从而能正确衡量利弊，及时做出购买决定。

专家建议

“正是……才”的公式就是抓住客户的拒绝理由进行直接反驳的方式，这表明正是因为客户缺乏保障，才需要更加全面的保障。保险销售员如果能够成功利用这一方法，就能轻松搞定客户，拿下订单。

第八章

促成交易的话术：跟进客户，使准客户签单

保险成交有方法，签单有绝招，只要销售员在与客户的交流中明察秋毫、循循善诱，运用技巧、注意细节，保单就能轻松签到手。

实战情景1：运用技巧，迅速拿单

模板1 抓住购买信号，主动提出交易：您看您要是没有别的疑问了，那是不是……

实战情景：

保险销售员张恰在一个月前将自己制订的一份保险计划书送到赵经理手中。但是一个月过去了，还没有得到任何消息。突然有一天，赵经理主动打电话给张恰，让张恰到他办公室谈保险的事。二人见面寒暄了一会儿，便开始转入正题。

张恰："赵总，我上次给您的那份保险计划书估计您已

经仔细看过了，是吗？您还有哪些不太明白的，我可以给您解释。”

赵经理：“我正要问你呢，你给我再详细地说说里面的具体保障吧。”

张恰：“是这样的，我给您制订的这份寿险，到期满之后您会获得80万元的保障金。并且在您退休之后，每年还可以获得3万元的养老金，并且无论大病小病，住院都可以报销。”

赵经理：“看来这份保险很适合我，我想知道你们办理理赔手续的效率怎样。”

张恰：“赵经理，假如理赔材料都准备好了，我们一般都是在2~3个工作日内就能让客户收到理赔款。”

赵经理：“那么关于保费，你能给我打折吗？”

张恰：“对不起，赵先生，我也想给您优惠，但是按照公司的条例，每一款保险都有严格的计算标准，不能随意更改，所以真的不能打折。”

赵经理：“哦。”

张恰：“赵总，其实我们已经是熟人了，并且您自己也知道保险的重要性，这可不是犹豫的时候。这可是我特意为您量身订制的保险计划，非常适合您。假如您没有什么其他疑问，那我就帮您填保单了。”

赵经理：“好的，那你把保单给我看一下。”

张恰：“好的。”

保险销售话术360°全解：

当客户对保险销售员所推销的保险产品感兴趣时，就会从语言上向保险销售员询问关于保险的具体事宜，例如理赔手续、保险产品的获利情况和保单的详细情况等。在肢体语言上，客户发出购买信号，则会表现为在保险销售员谈论到保险的相关获益情况时，身体会微微前倾，表现得比较专注等。

保险销售员在和客户谈话时，如果客户发出购买信号，要及时将投保单递交给客户，并进行必要的讲解，只要保险销售员抓住客户的购买意愿，说服客户当场答应合作，并在投保单上签字，那么这一笔保单就拿到手了。

在与客户的交流中，客户发出的购买信号非常重要，保险销售员要及时抓住这些信号，在时机成熟的时候，主动提出交易，当客户有意拖延购买时间，以“仔细看保单”为由的时候，保险销售员应该主动向客户提问，为客户解答疑虑，最后成功签单。其实在销售的整个过程中，保险销售员都要以客户的需求为出发点，关注客户的言行，并采取积极的应对措施，给客户留下一个专业的良好形象，让客户接受你的成交请求。

话术方式和策略

1. 认真观察，准确判断

保险销售员要知道，客户发出的购买信号是非常短暂的，假如没有细心观察，就无法察觉到这一重要信息的存在。这样就错过了促成交易的最佳时机，让客户已经决定购买保险的心再次动摇，导致保险销售失败。

2. 以“保险收益情况”为信号

当客户对保险不存在任何异议，并再次向保险销售员问及保险的收益情况时，保险销售员应当抓住客户的这一购买信号，以保险产品的收益情况吸引客户。保险销售员要成功地吸引客户的兴趣，让客户更加坚定自己的购买意愿，就要在给客户讲述保险的收益情况时，学会停顿，并且进行必要的重复，让客户更加清楚保险的收益情况。

专家建议

保险销售员与其抱怨客户没有兴趣购买保险产品，不如花时间和精力去注意客户在交流过程中通过语言和行为传递出来的购买信号。这样销售员才能更容易地进行有针对性的解释，促成签单。

模板2 危机意识促进签单：最近灾难频发，您也别对保险避之不及了，您还有什么意见吗

实战情景：

保险销售员小南：“苏小姐，最近的天气渐渐转凉了，暑假去哪玩了？”

客户苏小姐：“哎，别提了，本想去海边，可是七八月份台风不断，后来又想去北京玩的，但是选的时间又正值北京下暴雨，京城都被淹了，去哪都危险。去云南吧，又怕遇上山体滑坡、泥石流。所以哪也没去成。”

小南：“是啊。这两年自然灾害不断，南方的雨是下个不停啊。您跟家里联系了没有？”

苏小姐：“联系了，他们说雨下得太多了，出现洪涝了。”

小南："这几年气候确实有点反常，各种灾害时常发生。对了，苏小姐，我上次给您的那份保险资料，您看了吗？"

苏小姐："出行计划都被打乱了，哪有心情看啊。"

小南："最近都在看新闻吧？"

苏小姐："是啊，心里急呀！"

小南："谁也阻挡不了自然灾害的发生。当自然灾害发生时，我们首先要做的是什么？"

苏小姐："当然是救灾啦！"

小南："对，政府会派遣相关人员抢修公共设施，但是老百姓怎么办？"

苏小姐："不是有政府的救灾补贴吗？"

小南："但是发生了巨大灾难的时候，单纯依靠政府的力量救灾是不够的。"

苏小姐："那就发挥群众的力量，大家互帮互助。"

小南："大家都受灾了，即使相互帮助也是非常困难的。这时候，只能自救，但是自救又有新问题出现了。"

苏小姐："什么新问题？"

小南："就是有无保险的问题。灾难的发生是谁也无法预料到的，但是有些人自身拥有极强的保险意识，很早之前就购买了家庭财产保险、人身意外险等；有的企业也给企业财产和员工购买了保险。而很多人没有保险，一般有两个原因：一是我们保险销售员跟客户介绍保险不到位，因此大家'依靠保险解决意外灾害发生后的经济补偿问题'的意识不强；二是有些客户对保险有清醒的认识，但是仍然拒绝购买保险，或是心存侥幸，或是真的由于经济困难无法购买保险。但是灾难发生的时候，保险公司在灾区都开通了理赔绿色通道，很多购买保险的人得到了赔付，而没有购买保险的人只能等待政府有限的援助。两者之间的差别大吧。”

苏小姐：“确实很大。”

小南：“那您对于灾难是不是存在一种侥幸心理？”

苏小姐：“这一点，我不可否认。很多人在灾难发生之前都存有侥幸心理，这也很正常啊。”

小南：“我分析了一下，您是属于那种已经有人向您建议拥有保险，但是您本人不愿意购买保险，但又对保险有清晰的认识，心理存在侥幸的人，是吧？”

苏小姐：“对，我昨天还看到电视在播放保险公司对受灾的客户进行登门理赔呢。”

小南：“那其实是现场勘察，查验损失，厘定理赔金额。其实我想跟您说的是，我再次郑重邀请您加入到保险大家庭中来，让您享受到科学保险体系对您生命和健康的保障。”

苏小姐：“好！我决定加入了。”

保险销售话术360°全解：

保险销售员可以运用客户熟知的案例以及生活中发生的情况等，给客户制造危机感，让客户意识到防范危机的重要性，让客户认识到危机时时都存在，向客户说明投保和不投保的差异在灾难来临时最显著，让那些存在侥幸心理的客户知道自己认识上的错误，使之主动要求成交。或者当客户和保险销售员达成成交共识时，保险销售员主动提出成交请求，让客户主动提高保额，顺利达成交易。

话术方式和策略

1. 引导客户认清危机

保险销售员："您最近看了新闻报道没有？一个城市发生地陷了，要是走在路上多危险啊，而且南方最近的暴雨又造成了不少人失踪、死亡，哎，最近的灾害可真多。"

客户："可不是嘛，北方前段日子下的雨也挺多的，北京都被水淹了，房山区那边更加严重呢。"

保险销售员："是啊，灾难一来，人就束手无策了，没有保障的人，灾难一来所有的财产都被洗劫一空，而有保障的人则不用担心，保险公司会根据他们的投保情况，给予他们相应的赔偿。"

客户："对啊，我怎么忘了应该买保险以防万一呢。"

保险销售员："现在也不迟，我们公司针对意外事故，推出了这几种保险，您看看吧。"

灾害的发生并不会因为我们没有采取防范措施而推迟到来的时间，风险无处不在。因此，保险销售员要通过真实的案例去说服客户，让客户认识到防范危机的重要性。然后适时地把话题引回到保险上，让客户对保险的重要性有更深入的认识，进而促成交易。

2. 说话时要自然流露真情，语言要流畅

客户："危机离我远着呢。"

保险销售员："人人都希望好事降临自己身上，坏事永远别发生在自己身上，您这样想也很正常。但是要是灾难真的来了，谁都避免不了，您说是吧？我们可不能对危机存在侥幸心理。”

保险销售员在说服客户，让其树立危机意识的时候，在论事说理的过程中要自然流露真情，将案例、事件熟记心上，说话的时候语言要流畅，要让客户真实地感受到危机的存在和保险对于防范危机的重要性。

专家建议

众所周知的案例和事件更容易引起客户的危机感，更能够让其感受到保险对其的重要性，这有利于让客户主动要求成交。

实战情景2：小方法促成大订单

模板1 利益诱导法：年纪大了，同样的保额，保费高不说，有的还不能投保了

实战情景：

保险销售员小叶最近在和戴先生谈一份保单。戴先生30岁，他觉得自己的事业才刚开始，不应该考虑那么多，而是应该把心思放在事业上，因此保险对于他来说并不重要。为此，小叶特意找到戴先生面谈。

戴先生：“关于买保险这事，我并不着急，我想再考虑一段时间。”

小叶：“戴先生，从您身上，我看到了您为人处世谨慎的优点。但是时间不等人啊，您要是过段时间再买，那么您的保障时间就要开始得晚一些，而您所要承担的保费却更多，我记得您是九月份出生的是吧？”

戴先生：“对，你记性挺好的。”

小叶：“卖保险的，我们得为客户考虑。您的年纪又大了一岁，您要交的保费也会有所变化。您看，我给您制订的这份保障计划在缴费期内有充足的意外事故保障金，并且在期满后还有一笔不菲的养老金，能让您过上一个无忧无虑的晚年生活……”

戴先生：“以我现在的实力，为自己挣一份晚年的生活费并不是什么困难的事情，我还年轻，能接受挑战。所以，买保险对于现在的我来说，确实是早了。我怎么感觉那应该是中老年人比较适合呢？”

小叶：“戴先生，这就是您对保险的认识上存在的误区。其实保险买得越早越好，您收益的期限就越长。正因为年轻，才要买保险。根据公司规定，根据您选择的保障额度和您的实际年龄，您现在投保还可以免费体检。但是假如您等到年老之后再打算投保，那时候同样的保额，由于年龄问题，保费却要高出很多，而且有些保险到了一定岁数就不能投了。因此你要尽快决定了，现在的投资是为了将来的收益，相信您作为一个经管人才，这笔账应该算得很准吧。”

戴先生：“听你这么一说，似乎我要现在就下决定买了。”

小叶：“确实，如果您还不太确信的话，您可以咨询一下我们的客服中心。实际上，每天都有很多人在买保险，人们的保险意识增强了，因此，我国的保费收入也在逐年大幅度增长。其实买保险就像我们购置家具一样，是以需求为购置前提的，假如不需要，我们根本没必要买回来当摆设，您说是吧？”

戴先生：“是啊，但是有时候我们为了装饰屋子，买了很多没用的家具。”

小叶：“其实这和人们对保险的认识存在误区一样。保险不是越多越好而是合适的才是最好的。再说了，买保险其实就是对待今后生活的一种态度问题。我们要有自己明确的态度，别人不买保险，或者是他人劝您也别买保险时，您一定要有清醒的认识，能够自主做出判断。那些曾经劝您不要买保险的人在您发生意外时，他也无能为力。假如您不相信，您可以将和保费等值的钱交给他，并让他给您承诺，在今后，无论您发生什么事情，全由他承担，您看他愿意吗？"

戴先生："我都不愿意这么做，何况是他人，谁愿意承担这样的风险啊。"

小叶："所以，自己的事自己掂量，自己决定。"

戴先生："那好吧，我就尽早买一份算了，以便早一天拥有保障。"

保险销售话术360°全解：

客户购买保险的目的就是获得保障，而保险的收益就是保险的保障作用的体现之一。只有让客户通过直观的数据看到购买险种获得的相应收益，才能刺激客户的购买欲望。

保险销售员在推销保险的时候，可以从保险能够给客户带来的收益去"诱导"客户，让客户看到购买保险所获得的利益。以具体的数据说明，才能让客户通过数据更加直观地看到自己获益的情况。保险销售员按照投保时间的先后计算出获益，让客户看到现在购买保险的好处，也可以通过给客户一些额外的利益，例如小赠品等，对客户进行"诱导"，增强其购买信心，坚定其购买决心，这时候再和客户提出签单请求，成交的可能性就大大增加了。

话术方式和策略

保险销售员如果想要用利益去诱导客户，那么不妨用数据去证明：

客户："这个投连险的收益怎样？"

保险销售员："投连险的收益在这，您看，您投的是30万元的保额，期满之后您将获得75万元的收益，每年分到2万元的收益……"

客户对保险的收益不清楚会造成购买时的犹豫不决，保险销售员可以汇总阐述其险种的优点，将保险的收益情况用数据图直观地展现给客户，这样会强化客户对收益的记忆，有利于促成交易。

专家建议

客户关心的是保险所获得的收益，保险销售员可以通过直观的数据图向客户展现各险种的收益情况，这样能强化客户的记忆，激发客户购买的兴趣。

模板2 "二选一"促成法：您是选择……还是选择……

实战情景：

保险销售员王强和客户李柔就保险方案谈了一下午，李柔最终还是拿不定要买什么类型的保险。王强看到李柔犹豫不决的样子，于是便拿出了两套方案，让李柔选择。

王强："李小姐，这是我制订的两份保险计划，您看看还有什么地方不符合您的需求的。"

李柔："小王，你制订的这两份计划书都令我很满意，但是……"（李柔手里拿着两份保险计划书，不知道该放下哪一份是好）

王强："那李小姐，我先问您一些问题。"

李柔："嗯，好，你请问。"

王强："您是想选择保守一些的还是灵活一些的？"

李柔："灵活一些的吧，这样支配起来容易一些。"

王强："那您想选择多长期限的？10 年还是 15 年的？"

李柔："嗯，还是 15 年的吧，收益高一些。"

王强："那您是想按月付还是按季度付款？"

李柔："月付吧，这样不会在某一个月压力太大。"

……

经过这样几个回合后，李柔终于确定了自己的想法，成功签了单。

保险销售话术360°全解：

这就是典型的"二选一"策略。保险销售人员每次都给客户两个选择，要客户做出选择和决定，无论客户选择哪一个，对成交来说都是有好处的。

所谓"二选一"策略，就是销售人员在对客户进行提问的时候给客户两个现成的答案，让客户在其中选择一个，这样就使得主动权掌握在销售人员手里了。其实，销售人员每一次让客户来选择，其实质都是在逼迫客户回答：选择 A 还是 B、要甲还是要乙。表面上是给客户选择的机会，实际上是缩小了客户的选择范围，促使他作出有利于推销人员的回答。因为从心理学上来说，当我们被问及选择 A 还是 B 时，我们常常会忘了除 A 和 B 外还有 C 和 D，还有其他可选择的选项，而产生一种"两者必选其一"的错觉。这样一来，无论选择什么，销售人员都达到了销售的目的。

话术方式和策略

1. 注意使用的时间

保险销售人员要注意，“二选一”策略并不适用于销售的任何阶段，而只有当销售进入最后阶段的时候，使用它才可以达到促进销售的目的。试想，如果对方尚未了解你到底要跟他沟通什么、销售什么，还未对你的产品产生兴趣，你突然问他打算购买A种保险还是B种保险、按月付还是按季度付、今天签合同还是明天签合同，那么销售人员十有八九会碰一鼻子灰。

所以，使用“二选一”的策略一定要讲究时机，只有到了成交的最后关头、到了客户真正需要做决定的时候，“二选一”策略才能发挥效力，助你成功。

2. 注意给客户提出的选项要合理

提问时你不必问客户买不买，而应在假设他买的前提下，问他一个选择性的问题。但是给客户提出的这个选项要合理，要根据之前与客户的交流推断出客户可能需要的东西，对客户提出他可能接受的选项。

专家建议

很多客户在准备签单的时候犹豫不决，是因为他们不知道如何选择。这时候，保险销售员不妨利用“二选一”促成法，给客户提供选项让客户选择，这样能让客户更加迅速地做出选择，使保险销售员花在销售上的时间缩短，也更容易促成签单。

3. 注意语言表达

在使用“二选一”策略时，保险销售员应避免用“您购买A还是B”等生硬、强制性的表述，否则客户可能会有逆反心理。你可以采用委婉一点的“您喜欢……还是……”或“您看今天和明天您哪天比较方便”等语句，这样才更有助交易的成功。

模板 3　直接请求法：那我们就办手续吧，这样您就可以早日获得这份保障了

实战情景：

客户："我觉得我目前的身体状况不适合投保，等过段时间我把身体养好了再投吧。"

保险销售员："先生，其实您的身体适不适合投保不是我和您说了算，而是体检报告说了算。我可以帮您安排体检的时间，您看怎样？"

客户："可以是可以，但是我不知道我什么时候有空。"

保险销售员："先生，我想您不会每一天都在忙吧？而且身体健康才是最重要的，再忙也要抽时间体检啊，没有健康的体魄，一切都无从谈起，您说是吧？"

客户："是的。"

保险销售员："那您还有什么不明白的地方吗？要是没有的话，我们就先办手续吧，这样可以让您和家人早日获得这份保障。"

客户："好的。"

保险销售话术360°全解：

对客户提出不投保的一系列理由，保险销售员可以采取直接促成法，对客户的理由进行逐一否定，并及时采取行动，掌握谈话的主动权。

直接请求法是销售员为了促成客户的购买行为，而直接要求准客户实施购买行为的一种促成交易的方法。这种方法适用于已经表现出明显的购买意愿，但是出于某种原因而故意拖延时间，不愿主动说出自己的购买意愿的情况。此外这种方法还适用于在谈话过程中刚开始有很多疑问，但经过销售员的解释，没有任何问题可以提出，但是又不主动说出自己的购买意愿的客户。

直接促成法是促成交易的一种较为自然、干净利落、表达清晰、不带丝毫勉强之意的一种方法，这种方法能够有效地促成客户购买。此外，以成交为目的向客户进行直接提示或略施压力，节省了客户与销售员之间的谈判时间，满足了客户自尊的需要，激励客户迅速决策，完成签单，从而提高销售效率。

话术方式和策略

1. 语言要简单明确

客户："保费怎么交？"

保险销售员："这个需要您在签单的时候写上您常用的一个账户，账户内要有足够的金额，然后公司按照您所选的缴费方式，按月或者按季度定期从您的账户上扣除相应的费用。您还有什么问题吗？”

客户：“没有了。”

保险销售员：“好的，如果您对这份保单不存在任何疑问的话，我们现在就办手续吧，请您把身份证给我看一下，我填一下号码……”

保险销售员要有敏锐的观察力，要及时抓住客户发出的明显购买信号，同时要及时运用简单明确的语言直接要求客户购买产品，以达到促成签单的目的。但是保险销售员在提出请求时，要做到不卑不亢、从容淡定，保持正常的语速和自然的动作。这样才能让客户感觉到你办事情有条不紊，也更确信你的专业水准。

专家建议

保险销售员面对已经有明确购买意愿而难以开口提出成交要求的客户，就要用直接请求法，促使客户快速做出决定，达成客户的成交意愿。

2. 抓住时机给客户施压

保险销售员面对客户犹豫不决时，应该把握好时机，适时地给客户施加心理压力，促成客户的快速决策，但要控制好语速，动作要自然。

实战情景3：签单时需要注意的细节

模板1 把握时机，趁热打铁：您真是爽快，那我们不如现在把单子填一下吧……

实战情景：

保险销售员小庞通过了解得知某公司的姜先生要为自己

上小学的女儿买保险，他正为这事发愁，不知道如何购买一份适合自己孩子的保险，他也托朋友帮忙打听，后来找到了小庞。

小庞：“姜先生，您好，我是小庞，这份是我为您的女儿设计的连投险计划，您看看吧。”

姜先生：“你好，小庞。计划书你先放在这里吧，咱们先聊两句。”

小庞：“姜先生，听说您对《西游记》特别感兴趣，是真的吗？”

姜先生：“嗯，是的。作为一个团队，你认为唐僧的这个团队中，谁才是这个团队中最有魅力的？”

小庞：“我个人觉得是孙悟空，他的应变能力最强，火眼金睛。”

姜先生：“小庞，我的看法和你有点不同，我是这样看的……”

就这样，姜先生兴致勃勃地讲了两个多小时，小庞只能在一旁偶尔点点头，就在这时候，姜先生的电话响起来了，他这才截住话茬。当他挂完电话的时候，他才想起小庞来找他是有事的，于是他立即询问小庞。

姜先生：“对不起，小庞，刚才聊得太起劲了，我忘了你来找我是什么事情了？”

小庞：“姜先生，听您讲《西游记》真是受益匪浅啊，我来找您是谈保险的事。这是我专门为您的女儿设计的一款投连险，您看看。”

姜先生：“好的，我看几分钟。”

小庞："好的，您仔细看看，假如有什么不明白的就问我，我跟您解释。要是没有问题就可以直接签字了。"

姜先生："小庞啊，你放心吧，这保单我一定和你签。上次那个保险推销员，我刚开始说唐僧他就开始打断我的话，和我说他们公司，还很着急地让我立即和他签合同，你说这怎么可能？"

小庞："可能是他太心急了，没有让您了解好保险就急于签单了。您看看这份保险计划适合您女儿的情况吗？"

姜先生："这份计划从她小学到大学都规划好了，这份保险计划做得不错。"

小庞："姜先生，那不如我们现在就签订这份保险协议，让它尽快生效，让您的女儿尽早得到更全面的保障。"

姜先生："没问题。"

保险销售话术360°全解：

趁热打铁是保险销售员根据准客户已有购买意向而主动抓住时机说服其做出购买决定的销售技巧。这有利于保险推销员抓住有利的机会，激发准客户的购买欲望，促使他们接受成交请求，迅速做出购买决定。但是保险销售人员在运用这一技巧的时候要掌握好时机，把握好分寸，调整好自己的心态，同时做好应急准备，以应对突发状况。

话术方式和策略

1．假定式

运用假定式的方法来认定客户的需求，会让客户更加坚信自己的选择，这有利于保险销售员利用有利时机，趁热打铁，促成客户主动提出购买的请求，使客户立即签单。

运用假定式的话术方法，需要保险销售员对客户的性格作出正确的判断，以免引起客户的不满情绪，给客户留下不好的印象，影响保险销售员拓展人际关系。

2．限定选择促成直接成交

客户："反正我答应和你签单了，这事咱不急，过两天我联系你。"

保险销售员："××先生，我似乎看到您正站在一个路口，不知道该往何处去。您的左手边是一条宽敞的大路，这是一条各种保障措施完善的公路，只要您往这条路走，您就不用为未来的路程担心；而您的右边是一条车辆横行，毫无交通秩序的马路。假如您选择了左边那条保障设施完善的路，那么以后不管发生什么事，您的家人都会得到很好的照顾，而假如您选择了右边那条路，那么您的家人将会遭遇很多未知的风险。难道您不愿意为您和家人选择一条安全保障措施完善的道路吗？"

专家建议

在客户准备签单的时候，保险销售人员要抓住客户已经认定购买保险的意愿，趁热打铁，及时促成交易。

在签单的时候，有些客户会犹豫不决，不知道自己该不该签单，这是签单前很常见的一种心理状态，面对客户的这种心理障碍，保险销售员应该通过限定选择的激励方式，以感情为桥梁，去说服客户，让其做出选择，为自己的家人送上一份保障。

模板2 签单时更要从容有礼貌

实战情景：

保险销售员小陆为邻居迟大姐制订了一份保险计划书，经过一番努力，终于让迟大姐同意签单了。在签单的当天，保险销售员小陆约迟大姐在一家茶店见面。两人一见面，保险销售员小陆就从公文包里拿出保单放在桌上，他们一边聊天，一边填写保单内容。

小陆："迟大姐，这份保单您已经看过了，保障非常完善，您要不要再确认一下。"

迟大姐："小陆啊，这可是你不对了，我们是老街坊了，我还不相信你吗？"

小陆："迟大姐，我知道您信任我，您是我的老邻居也是我的客户，所以我还是得听您的意见。我现在马上给您填好，以便申报核保的事宜。"

迟大姐："那你赶紧填吧。"

小陆："那请您将身份证给我一会儿，我要在这一栏填写您的相关信息。"

迟大姐："好的，给你。"

小陆："好的，谢谢。迟大姐，您的联系方式和地址就按身份证上的填写，有什么问题吗？"

迟大姐："这个没问题，你填写吧。"

小陆："迟大姐，这我可要提醒您一句啦，要是您家的电话或者手机换号码了，记得提醒我，好让我帮您在资料里及时更改，这也方便我给您寄发票、贺卡等，再者咱们还可以经常联系。"

迟大姐："好的，我知道了，到时候我的晚年生活可指望着它了。"

小陆："迟大姐，保单的表已经填好了，您在这里签个字就行了。"

迟大姐："那现在还有没有其他事情呢？"

小陆："迟大姐，手续目前已经办完了。您还需要做的就是近期到医院体检，然后给我提供体检报告，这是用于核保的。这也是您的保单通过审核的一个重要的证据。您就去我们公司指定的医院体检就成了，体检的时间我回去之后安排一下，安排好了我就打电话给您，到时候我陪您一块儿去吧。"

迟大姐："成，有你办事，我放心！"

小陆："好的，那您就等我电话吧。恭喜您又多了一份保障，同时也特别感谢您对我工作的支持！"

迟大姐："小陆你也辛苦了，为我跑前跑后的。谢谢你啊！"

小陆："迟大姐，别客气，这是我的工作。那我得先走了，我得赶紧回公司给您办理投保手续。回头我给您电话，再见！"

保险销售话术360°全解：

保险销售员最希望看到的就是客户爽快的签单过程。但是签单过程也非常重要，保险销售员不要认为签单过程可以很随意，而不注意自己的言行，假如言行不当，很可能造成客户反悔，不愿签单。因此，保险销售员在签单时要注意细节，要表现得有礼有节、从容不迫，让客户一看到销售员就感觉到踏实、放心，在签单的时候感觉自己的决定是正确的。

话术方式和策略

1. 控制好自己的情绪

客户："我决定在这份保单上再增加一个险种。你看行吗？"

保险销售员："真的吗？这真是太好了，上天太爱我了。"

客户心想：（明明是我照顾你，却说上天，要是我不签单，你还高兴得起来吗？）

作为保险销售员要有控制自己情绪的能力，这样能使他在接受客户签单的时候，不至于因为过于兴奋而让客户产生厌恶感，同时让客户觉得他是一个唯利是图，不将客户需求放在首位，而是为了签单而签单的保险销售员，使得客户对他专业精神产生严重的质疑。

那么保险销售员在签单的时候在情绪方面都要注意什么

呢？首先保险销售员要做到不紧张，以免因为紧张而出错，导致客户怀疑销售员不够专业；其次，保险销售员要做到事先准备好投保书，然后把所有资料有序地摆放在客户面前，抓住机会适时促成签单，要给客户留下一种专业的印象；再次，在签单成功时，不要表现得过于兴奋，否则很可能会引起客户的反感；最后，不可以与客户发生争执，要保持理智，以免到手的订单变成泡影。

2. 说话方式要恰当

保险销售员："谢谢您对我工作的支持，恭喜您啊，××小姐，这份保险您真的是买对了，这下您可以放心了，您的父母即使出事了您也不用担心了。"

客户："你这话是什么意思？听你这么说，就像盼着我父母出事似的。那份保单撕毁吧，我不买了。"

专家建议

一个经验丰富的保险销售员绝不会在和客户签单的时候有任何让客户不满意的言行举止，而是处处表现得从容、礼貌、沉稳、理智，让客户觉得他是个可靠的保险销售员。

保险销售员在客户成功签单之后，不要对客户的行为乱加评论，这样做的结果有可能导致客户放弃合作，使得保险销售员的工作功亏一篑。

假如保险销售员无法把握自己的言语是否恰当，那么可以在客户签单之后对客户表示感谢即可。说得越少，错误越少，说得越多，越容易暴露出一个人的缺点。保险销售员就要知道扬长避短，发挥自己的销售才能。

机工经管读者俱乐部反馈卡

完整填写本反馈卡将可以参加幸运抽奖

每月我们将会抽出 10 位幸运读者，免费赠送当月新书一本

加入俱乐部，将会收到我们定期发送的新书信息

获奖名单将公布在 http://www.Golden-book.com 及 http://www.cmpbook.com 上

个人资料

姓名：________ 性别：□男 □女 年龄：______ E-mail：____________________

联系电话：______________ 传真：______________ 手机：____________________

就职单位及部门：____________________________ 职务：____________________

通讯地址：________________________________ 邮政编码：________________

单位情况

单位类型：

□国有企业 □私营企业 □政府机构 □股份制企业

□外资企业（含合资） □集体所有制企业 □其他（请写出）__________________

单位所属行业：

□食品/饮料/酿酒 □批发/零售/餐饮 □旅游/娱乐/饭店

□政府机构 □制造业 □公用事业 □金融/证券/保险

□农业 □多元化企业 □信息/互联网服务 □房地产/建筑业

□咨询业 □电子/通讯/邮电 □其他（请写出）__________________

单位规模：

□500 人以下 □500—1000 人 □1000—2000 人 □2000 人以上

关于书籍

1. 您购买的图书书名：＿＿＿＿＿＿＿＿＿＿＿＿＿＿ISBN：＿＿＿＿＿＿＿＿＿＿＿＿

2. 您是通过何种渠道了解到本书的？

□报刊杂志　□电视台电台　□书店　□别人推荐　□其他＿＿＿＿＿＿＿＿

3. 您对本书的评价

内容	□好	□一般	□较差
编排	□易于阅读	□一般	□不好阅读
封面	□好	□一般	□较差

4. 您在何处购买的本书

□书店　□网络　□机场　□超市　□其他＿＿＿＿＿＿＿＿

5. 您所关注的图书领域是：

□投资理财　□人力资源　□销售/营销　□财务会计　□管理学与实务　□其他＿＿＿＿

6. 您愿意以何种方式获得我们相关图书的信息？

□电子邮件　□传真　□书目　□试读本

7. 如果您希望我们发送新书信息给您公司的负责人，请注明所推荐人的：

姓名＿＿＿＿＿＿＿职务＿＿＿＿＿＿＿电话＿＿＿＿＿＿＿＿＿＿＿＿＿＿＿＿

地址＿＿＿＿＿＿＿＿＿＿＿＿＿＿＿＿邮件＿＿＿＿＿＿＿＿＿＿＿＿＿＿＿＿

感谢合作！请确认我们的联系方式

联系人：胡嘉兴

地址：北京市西城区百万庄大街22号机械工业出版社经管分社

邮编：100037

电话：010-88379705

传真：010-68311604

电子邮箱：hjx872004@ yahoo. com. cn

登记表电子版下载请登录：

http: //www. golden-book. com/clubcard. asp 或 http: //www. golden-book. com

如方便请赐名片，谢谢！